삶이 사랑을 만날 때

개인심리학으로 여는 사회적 관심 집단상담

김영아 · 박정민 · 백슬기

박영story

머리말

"가장 먼저 선생님이 살면서 관심이 가는 일들을 잘, 생각해 보세요. 그리고 그 관심사를 브레인스토밍해서 오세요." 2012년, 진심이 가득 담긴 명료한 눈빛으로 공부에 대한 열정을 보여주신 이종연 교수님과의 석사논문 첫 지도는 저에게 큰 울림을 주었습니다. 나의 삶에서 중요한 것을 찾아 공부하라는 그 말은 있는 그대로의 제 삶이 존중받는 느낌이었습니다. 누가 알았을까요? 상담 분야를 공부하는 것의 최대 수혜자가 결국 제 자신이라는 것을 말입니다. 그리고 박사학위 과정이 끝나는 날, 교수님께서는 정말 자랑스럽다고 말씀해주셨습니다. 자랑스럽다. 자랑스럽나. 사랑스럽다. 눈물이 나는 말이었습니다. 이, 누군가의 노력과 분투에 나도 기꺼이 훌륭하다고 말해주는 사람이고 싶다 생각했습니다. 과연 타인의 삶에 관심을 가지고 만난다는 것은 무엇일까요?

상담자가 되어 수련을 해나가는 과정은 또 다른 혼란과 인내의 시간이었습니다. 제가 상담자가 될 수 있을까요? 도움을 줄 수 있을까요? 수퍼비전 시간은 탄식과 후회, 미안함, 부끄러움의 연속이었습니다. 주수퍼바이저이신 최인화 교수님께서는 일관되게 내담자에게 집중할 것, 내담자의 말과 삶에, 진솔한 태도로 다가가는 것을 훈련하도록 지도해주셨습니다.

이처럼 이 책은 '관계성'에 대한 이야기입니다. 자신에게, 타인에게, 우리가 속한 사회에 그리고 더 넓은 삶의 의미에 관심을 가지는 사람들에게 추천하고 싶은 내용입니다. 특히, 타인의 삶에 귀 기울이도록 훈련하는 상담자들과 사회적 관심에 대해 이야기 나누고, 공유하고 싶습니다. 이것이 사회적 관심이라는 제 삶의 주제를 집단상담 형태로 구성한 이유일 것입니다. 또한 상담자를 위한 집단상담을 운영하면서 2명의 코리더이자 공동저자를 만나지 못했다면, 이 책의 탄생은 기대하기 어려웠을 겁니다. 상담자의 여정이 두렵다면서도 두 발을 양껏 디디고 생기발랄한 에너지로 화합하는 정민 선생님, 관찰력과 진솔함으로 한마디 한마디를 완성해나가는 슬기 선생님, 더불어 우리의 집단에 참여해준 소중한 동료 상담자들의 합으로 이 책은 함께 만들어졌습니다. 저는 공동체의 시너지 효과를 믿습니다.

상담자라는 정체성으로 살아가는 동안 13년의 시간이 지났고, 소중한 동료들을 얻었으며, 자신의 삶에 빛을 내리고 싶어하는 많은 내담자들을 만나면서, 3명의 내담자를 잃기도 했습니다. 15년을 넘게 또 다른 사랑을 알려주었던 반려묘들을 떠나보냈고, 상담에 대한 공부는 지금도 너무나 재미있습니다. 이제야 '내담자에게 배운다'는 그 말이 떠오를 때마다 가슴이 울립니다. 저는 수많은 관계들을 통해 격려와 용기를 배우는 한 사람입니다. 그렇게 그저 울고 웃으며 살아갑니다. 세상에는 호기심을 가질 만한 것들이 정말 많기 때문에 앞으로도 저는 사회에서 할 수 있는 역할을 찾아 무엇이라도 꼼지락거리고, 사랑할 많은 사람들과 제가 속한 공동체에서, 나아가 삶에 대해 관심을 두고 살아갈 겁니다.

마지막으로 우리의 원고에 관심을 가지고 정성껏 살펴봐주신 출판사 박영스토리에 진심으로 감사드립니다. 지금도 상담자로 살아가는 데에 방향과 스승이 되어주시는 이종연 교수님, 최인화 소장님 감사드립니다. 삶의 양분을 쌓아준 엄마, 언니들, 남동생. 그리고 지치는 순간마다, 제 일이라면 한결같이 '잘하고 있다'고 말해주는 사랑스러운 손영진 님께 고마움을 전합니다.

2025년 11월

주저자 김영아

애석하게도, 저는 상담자로 떼돈을 벌 줄 알았습니다. 마치 보험왕처럼요. 요행을 바랐던 것은 아니나 제가 상담을 많이 할수록 통장에 돈이 차곡차곡 쌓일 줄 알았습니다. 누군가를 치유하고, 보람도 얻고, 돈도 버는 일석 삼조의 고부가가치 사업이라고 생각했습니다. 더욱이 저는 손재주도, 숫자 머리도, 운동신경도 없었지만, 말 하나만큼은 끝내주게 잘했습니다. 그리고 사람에게 관심이 많았습니다. 관심이 많아서 궁금한 게 많았고, 그래서 물었고, 진짜 원하는 건 해결해 주고 싶었습니다.

가슴 절절한 어떤 스토리나 사명이 있어서 상담자가 되기로 인생의 결정을 내렸던 것은 아닙니다. 고등학생 때부터 상담자가 되고 싶어 하긴 했지만, '피아니스트-약사-천문학자'라는 장래희망을 지나 상담자에 도달했을 뿐이었거든요. 다만, 다른 직업들과 달리 상담자로서 필요한 역량은 꽤나 두루두루 갖추고 있다고 생각했습니다. 말 잘하고, 호기심 많고, 직관적이고, 먼저 다가가는 용기도 있고, 느껴지는 것도 남들보다는 많은 것 같으니 험난한 세상에서 '아마도 나는 상담자가 되려고 태어났나 봐! 이번 생은 상담사다!'라고 생각했습니다. 어이쿠야. 사실 이만큼 큰 오만이 또 있을까요? 열 길 물속은 알아도 한 길 사람 속은 모른다는데. 사춘기 버프를 받아 어느샌가 칼 로저스가 되어 있을 거라고 생각했던 모양입니다.

사실 두 단락이나 할애하여 '제가 상담자가 된 이유'에 대해 설명하는 까닭은 온전한 제 얘기를 나누고 싶었기 때문입니다. (이런 자리 앞으로 드물어요) 후후. 독자님들 중 그 누구도 궁금해하지 않으실 수 있으나, 저는 단순한 이유로 상담자를 꿈꾸었습니다. 사람에 관심이 많고, 이야기하는 것을 좋아하고, 궁금증이 많아서, 그래서 상담자가 되고 싶었습니다. 생각해 보셔요! 살면서 이렇게 많은 사람들을 알아가는 직업이 또 있을까요? 세상에 궁금한 것 투성이인 저에게는 앞으로 굴러도 뒤로 굴러도 찰떡인 직업은 상담자 말고는 없는 것 같습니다.

물론 역경은 금방 찾아왔습니다. 대학원생 때만 하더라도 '초보상담자니까~'라는 말에 숨어 살았는데 호기심과 열정만으로는 한계가 명확히 드러났습니다. 2급 자격증을 취득하고 실무를 시작하면서는 불확실성에 대한 인내력과 지식의 부족이 참 괴로웠습니다. 그렇지만 대혼란의 카오스 시절에 '삶이 사랑을 만날 때'를 만났습니다. 계획된 우연처럼 제 앞에 등장하여, 혼돈의 장막을 하나하나 걷어 주었습니다. 집단원들과 함께 상담자로서 '사회적 관심'을 이야기하며 저는 오히려 상담자로서의 자존감을 채울 수 있었습니다. '생각보다 내가 잘하고 있구나'라며 안심할 수 있었으니까요.

여전히 상담자로서 일확천금을 노리는 엉뚱한 저도 상담을 하고 있으며, 무려 새로운 집단상담 프로그램 개발에 참여하고 글을 쓰고 있습니다. '그냥 하면 돼!'라는 마음으로 흘러 흘러 여기까지 온 제 자신이 기특해 죽겠습니다. (책을 펼쳐보시면 아시겠지만, 저는 잘 이해하지 못하는 물음표 살인마입니다) 그러니 부디 '사회적 관심'이라는 용어에 겁먹지 마시고 저희 책을 마음껏 즐겨주셨으면 좋겠습니다. 이미 이 책을 고르신 것, 펼치신 것, 저자의 머리말을 읽고 계신 모든 행위가 '사회적 관심'에 해당하기 때문이지요.

마지막으로, 삶이 사랑을 어떻게 만났는지 본 프로그램을 통해 보여주신 김영아 선생님과 든든한 축을 맡아주신 백슬기 선생님께 감사의 말씀 올립니다. 두 분과 함께여서 모든 일이 가능했다고 생각합니다. 함께한 모든 날이 사랑으로 따뜻했습니다.

또한, 제가 상담자의 길을 꿋꿋이 갈 수 있도록 응원해주신 가족, 상담 선생님, 내담자, 동기 및 선후배 선생님들, 친구들, 그리고 현정언니와 선정이에게 감사의 마음을 전합니다.

2025년 11월
공동저자 박정민

집단상담에 코리더로 참여하고 이 책의 일부를 쓰면서 문득 떠오른 사람들이 있습니다.

오랜 시간 제 곁에서 사랑으로 저를 돌봐주던 사람들, 또 제가 사랑으로 관심을 기울였던 사람들, 그리고 아주 잠깐 스쳐 지나갔지만 서로의 마음을 따뜻하게 데워준 인연들입니다. 어쩌면 당연하고 예사로운 일들이 새삼 특별하게 느껴질 때가 있습니다.

한 번은 휴대전화를 서울 택시에 두고 내린 적이 있는데, 마침 그 택시가 수원 손님을 태워 가던 중이었습니다. 기사님은 수원에 계신 저희 어머니께 직접 전화를 가져다주셨죠. 물론 미터기를 켜고요 :-) 또 한 번은 고속도로 톨게이트에서 현금으로 통행료를 결제했을 때, 환하게 웃으며 물티슈 두 봉을 건네주던 직원분이 떠오릅니다.

각자의 자리에서 각자에게 주어진 일을 하던 평범한 하루였지만, 집단활동을 하고 책을 쓰는 동안 그분들이 생각나는 이유는 뭘까요? 머리말을 쓰는 지금 이 순간에도 오늘 내 하루 속에는 다양한 '주연들'이 등장해 서로를 포근히 데우고 있는 것 같습니다. 그렇게 생각하니, 보통의 하루가 더 특별하게 느껴지고, '위 아 더 월드'가 되네요. :-)

이 책에는 사회적 관심을 높이기 위한 여러 활동이 단계적으로 소개되어 있습니다. 또한 이해를 돕기 위해 코리더로서의 경험과 생각, 느낌 등 다양한 이야기도 함께 담았습니다. 이 책은 '정답'을 알려주는 책이 아닙니다. 오히려 서로 다르게 느끼고 표현함을 환영하며, 이미 특별했던 나의 하루를 새롭게 발견할 수 있는 방법들을 제시하고자 했습니다.

책과 집단을 함께 해보자고 먼저 손 내밀어 주신 만물박사 1급 영아 선생님, 감사합니다. 제 사주에 인복이 많다고 하더니, 여러 가지 이유로 제 30대의 인복 8할은 선생님입니다. 좋은 프로그램을 만들어주시고 참여할 수 있게 해주셔서 진심으로 감사합니다. 제가 더 잘할게요. :-) 그리고 메로니카 정민 선생님, 근 2년 동안 정말 많이 배웠습니다. 함께 지지고 볶으며 만들어낸 많은 '요리'들이 제 마음에 쏙 들었어요. 너도 그랬으면 좋겠습니다. 책을 쓰는 동안에도 따뜻하게 기다려주고, 부족한 부분을 넉넉히 채워주어 고맙습니다.

마지막으로, 이 책을 읽고 떠올랐던 사랑둥이들 — 이름 모를 분들, ESF 목자님, 동료 선생님, 내담자, 상담 선생님, 수봉이와 친구들, 이모들과 삼촌, 사촌동생들, 그리고 애증의 엄·빠와 오빠 같은 내 동생. 저의 하루를 특별하게 만들어 주셔서 진심으로 감사합니다.

2025년 11월

공동저자 백슬기

목차

01

프로그램의 소개

01 프로그램의 소개

이 책은 상담자 훈련용 사회적 관심 향상 집단상담 운영 매뉴얼입니다. 여기서 '사회적 관심(Social Interest)'이란, 개인심리학을 기반으로 자신의 사회적 가치에 대한 인정과 타인에 대한 관심, 소속감, 존재 자체에 대한 존중 등을 담고 있는 개념입니다. 사회적 관심이라는 삶의 태도를 통해 상담자들과 "관계성"에 대해 이야기 나누고 싶었습니다.

저는 충북대학교 이종연 교수님의 가르침 아래, 석박사 과정에서 Adler의 개인심리학을 공부하고 박사논문으로 <청소년용 사회적 관심 척도 개발 및 타당화>를 발표했습니다. 그래서 상담자라는 정체성을 가지고 살아가면서 사회적 관심에 대한 프로그램을 꼭 만들고 싶었습니다. 개인적으로 적당한 시기가 왔고, 좋은 동료들도 만났습니다.

그렇게 프로그램 개발과정 절차를 거쳐, 상담자를 위한 사회적 관심 향상 집단상담에 대해 <삶이 사랑을 만날 때>라는 아주 아름다운 제목을 만든 것에 매우 뿌듯하고 즐거웠습니다.

그러나 서두를 고백으로 시작해야 합니다. 막상 개발한 프로그램의 수정, 보완을 위해 첫 예비연구를 시작할 때에는 직장에서의 스트레스에 치여 제 마음 안에 '사랑'의 마음이 눈꼽만큼도 남아있지 않다고 느끼던 상태였습니다. 일은 해도 해도 왜 늘 여유가 없는지, 회사라는 조직에서는 왜 또 여기저기 불편한 관계와 마주치고, 상담 업무에 대해서는 왜 늘 구구절절 설명해야 하는지, 괜스레 억울하고 힘들기도 했습니다.

그런 시기쯤에 이 프로그램에 관심 있어 하는 집단원들을 모아 첫 예비연구를 시작했습니다.

"고백하자면, 저는 사랑으로 만나자고 해놓고선 지금 제 마음의 에너지는 그렇지 않은 상태라……. 이렇게 만나게 되어 미안하기도 하고, 우리 집단원들을 실망시킬까 정말 부담도 되네요. 오늘 제 눈빛에 열정 가득한 사랑이 넘치기를 스스로 기대했는데. 망했군요."

자조적인 농담으로 저의 찝찝함을 털어냈습니다.

함께 참여하는 집단원들은 무슨 마음이 들었을까요?

"그래도 진솔하게 시작하고 싶었고, 우리가 2일 동안 함께 존재할 수 있도록 잘해보고 싶다"는 다짐도 덧붙였어요.

그런데 놀랍게도 프로그램 운영 2시간 만에 집단원들에게 사랑의 눈빛과 진솔함, 적극성 등을 보고 그들의 마음 안에 존재하는 다양한 사랑의 모양들로 감탄했습니다! 저에게 보내주는 응원의 눈빛, 몸짓, 공기, 에너지는 서로에게 전달되었습니다. 또한 집단원들이 타인에 대해 가지는 관심과 애정의 깊이들로 오히려 제가 감동을 받으며 기쁨을 느낄 수 있게 되었습니다.

사회적 관심이라는 이름에서도 알 수 있듯이, 이 프로그램은 사회에 "관심을 가지는 태도"가 중요합니다. 자기, 타인, 세상에 대해, 그리고 더 넓은 의미의 삶에 대해 말입니다. 우리는 그런 관심에 대해 함께 이야기 나누는 과정을 구성했습니다. 그래서 집단상담이겠지요.

우리의 집단에서는 누군가에 비해 더 뛰어날 필요도 없고, 개인의 내밀한 감정이나 걱정을 꼭 이야기해야 하지도 않습니다. 그저 호기심을 가지고 서로에게, 그리고 개인심리학에서 말하는 사회적 관심에 귀 기울이는 시간입니다. 그것이 자신에게 어떻게 느껴지는지 내면의 감정과 생각을 듣고 집중합니다. 또한 타인에게도 집중합니다.

만약, 집단이 끝나고 나서 개인심리학에 대해 더 자세하게 공부하고 싶어졌다면 시중에 나와 있는 여러 가지 훌륭한 책들을 열심히 공부하면 됩니다.

이 프로그램의 개발 절차와 집단 유형에 대해서도 소개합니다.

이 프로그램은 상담자들이 자신이 소속된 조직 공동체에 협력하고, 기여할 수 있도록 사회적 관심의 향상을 돕는 집단상담으로 구성되었습니다. 프로그램의 체계적인 개발을 위해, 4단계 개발모형 [목표수립] ⇨ [프로그램 구성] ⇨ [예비연구] ⇨ [프로그램 실시](김창대 등, 2011)에 기초하여 구안하였습니다. 개발과 관련된 선행연구들로는 프로그램 개발 논문(박희준, 2019; 안도연, 2018; 이은상, 2018) 및 집단상담 개발에 대한 도서(양명숙 등, 2017; 천성문, 2021)들을 참고하였습니다.

상담자들이 사회적 관심의 하위요인별 훈련 활동을 한다는 점에서 구조화된 프로그램이며, 상담자라는 비슷한 배경을 가진 사람들이 참여한다는 점에서 동질 집단, 한번 정해진 집단원으로 프로그램을 운영한다는 점에서 폐쇄집단입니다.

회기를 운영하는 기본 방식은 회기를 시작하기 전, 사회적 관심의 하위요인을 듣고 자연스럽게 드는 생각과 느낌을 나누고, 각 회기가 끝날 때 다시 각자의 소감을 나누고, 전체 소감을 다시 공유하는 형태입니다. 이를 통해, 사회적 관심이라는 주제에 대해 서로를 통해 체험할 수 있는 기회를 가져보고자 했습니다.

표 • 상담자를 위한 사회적 관심 향상 집단상담 개발 과정

(참고: 김창대 등, 2011)

1단계	2단계	3단계	4단계
목표 수립	프로그램 구성	예비연구	프로그램 실시
- 프로그램 목적 및 목표 설정 - 요구조사 - 선행연구 분석, 이론적 검토	- 하위영역별 목표 설정 - 회기별 활동 내용 선별	- 예비프로그램 운영 - 활동내용 수정 및 보완	- 본 연구 운영 - 최종 프로그램 개발 - 매뉴얼 제작

프로그램을 2회(예비연구, 본 연구) 운영하고, 집단원 16명에게 김영아(2018)가 개발한 사회적 관심 척도를 상담자에게 맞게 용어를 수정, 보완하여 프로그램 사전-사후로 분석한 결과도 제시했습니다.

사전조사는 프로그램 신청 단계에서 온라인과 대면으로 먼저 시행하였으며, 사후조사는 집단상담 참여 완료 후 수기로 작성하도록 하였습니다. 그 결과, 사회적 관심의 4가지 하위요인(① 사회적 자기 관심, ② 타인 관심, ③ 공동체 관심, ④ 영성 관심) 및 전체 사회적 관심이 사후조사에서 통계적으로 유의미하게 상승한 것을 확인할 수 있었습니다.

이 프로그램의 매뉴얼을 소개하기 위해 운영진(리더 및 보조리더)들이 총 8회기, 15시간 동안 집단상담을 진행하면서 보조리더들이 경험한 주요 느낌, 프로그램 운영방식을 에세이 형태로 담도록 했습니다. 되도록이면 운영진이 집단상담 내에서 실제로 사용한 언어를 사용하기 위해 노력했고, 개인심리학의 이론에 대해서는 추가적으로 설명했습니다. 또한 집단상담에 활용한 PPT와 활동내용 자료는 그대로 제시했습니다.

이 책에서는 글을 읽는 여러분들의 생각을 물어보는 표현이 많을 수 있습니다. 매뉴얼을 읽으면서 함께 집단에 참여하는 느낌이 들었으면 좋겠다는 마음이기 때문입니다.

자, 그럼 프로그램을 함께 운영하고, 회기별 활동 내용을 함께 점검했으며, 이 매뉴얼에서 집단 활동에 대한 자신들의 느낌을 적극적으로 제시해준 2명의 공동저자를 소개합니다.

박정민

안녕하세요. 로저스를 꿈꾸던 상담자 박정민이에요. 지금은 제가 로저스가 될 수 없음을 알게되었지라~

다만, 박정민으로서 상담할 수 있다는 것은 깨닫고 있어요. 상담자로서 무럭무럭 성장하고 있는 가운데 삶이 사랑을 만나는 순간을 목격하게 되어 매우 기쁘게 생각합니다. 그 어느 때보다 자아실현경향성이 뿜뿜하고 있어요!

백슬기

안녕하세요. 서로 '연결'되고 '연결'하고 싶은 상담자 백슬기입니다. 때때로 완주하지 못한 마라톤 같은 삶인 것 같아도, 제 옆에서 함께 밥과 잔을 나누는 사람들을 보면 마치 금메달을 목에 걸고 있는 느낌이 듭니다.

저 역시도 누군가에게 그런 존재라는걸 이 프로그램을 통해 경험했습니다. 여러분과 이 책을 통해 연결되어 무지하게 기쁘고, 함께 만들어갈 변화가 기대됩니다!

표 • 프로그램 개요

프로그램 개요	
프로그램	삶이 사랑을 만날 때
목적	상담자를 위한 사회적 관심 향상 집단상담
소요시간	15시간
집단유형	구조화 집단, 폐쇄/동질 집단
참여인원	10인 이하

표 • 프로그램 사전-사후 효과분석(16명)

하위요인	문항번호(문항수)	사전 조사	사후 조사	*t*	유의 확률(*p*)
사회적 자기 관심	1-7(7)	3.8	4.2	-4.07	.001**
타인 관심	8-14(7)	4.0	4.4	-2.66	.018*
공동체 관심	15-21(7)	3.8	4.3	-3.86	.002**
영성 관심	22-28(7)	3.7	4.1	-3.88	.001**
사회적 관심 전체 평균	28문항	3.8	4.2	-4.28	.001**

$^{**}p < .01$, $^{*}p < .05$

표 • 사회적 관심 척도 소개(사전-사후조사)

문 항		전혀 그렇지 않다	그렇지 않다	보통 이다	그렇다	매우 그렇다
1	나는 상담자로서 가치가 있는 사람이라고 느낀다.	①	②	③	④	⑤
2	나는 상담자로서 사회에 필요한 존재이다.	①	②	③	④	⑤
3	나는 어려운 상황에서도 스스로를 잘 돌본다.	①	②	③	④	⑤
4	나는 상담자로서 부족한 점이 있지만 나에게 만족한다.	①	②	③	④	⑤
5	나는 힘들 때, '괜찮아, 할 수 있어.' 라는 생각을 한다.	①	②	③	④	⑤
6	나는 긍정적인 생각으로 스스로를 믿는 힘을 기르려고 노력한다.	①	②	③	④	⑤

문 항		전혀 그렇지 않다	그렇지 않다	보통이다	그렇다	매우 그렇다
7	나는 상담자로서 실수할 수도 있다고 생각하면서 좌절을 이겨낸다.	①	②	③	④	⑤
8	나는 동료가 힘들어 할 때, 무슨 일인지 물어본다.	①	②	③	④	⑤
9	나는 동료에게 기쁜 일이 생기면 함께 기쁘다.	①	②	③	④	⑤
10	나는 동료의 고민을 잘 들어준다.	①	②	③	④	⑤
11	나는 자신감을 잃은 동료에게 용기 주는 말을 하곤 한다.	①	②	③	④	⑤
12	나는 동료가 기분이 안 좋아 보이면, 풀어주려고 노력한다.	①	②	③	④	⑤
13	나는 사람들과 대화할 때, 이해해주려고 노력한다.	①	②	③	④	⑤
14	나는 동료에게 힘든 일이 있을 때, 위로(격려)한다.	①	②	③	④	⑤
15	나는 소속기관(조직)과 갈등이 생겼을 때, 대화를 시도한다.	①	②	③	④	⑤
16	나는 사회에서 내 역할이 있다고 믿는다.	①	②	③	④	⑤
17	나는 우리나라가 발전하는 데 내가 할 수 있는 일을 한다.	①	②	③	④	⑤
18	나는 소속기관(조직)이 함께 하는 일에 적극적으로 참여한다.	①	②	③	④	⑤
19	나는 소속기관(조직)에서 어려움이 생길 때 해결하기 위해 힘을 보탠다.	①	②	③	④	⑤

문 항		전혀 그렇지 않다	그렇지 않다	보통이다	그렇다	매우 그렇다
20	나는 소속기관(조직)에서 내가 할 일을 잘 찾는다.	①	②	③	④	⑤
21	내가 속한 소속기관(조직)에 가면 친밀감을 느낀다.	①	②	③	④	⑤
22	나는 세계(지구)에서 일어나는 슬픈 일에 대해 걱정한다.	①	②	③	④	⑤
23	나는 더 나은 세상을 위해 봉사에 참여한다.	①	②	③	④	⑤
24	나는 자연이나 동물 보호에 관심이 있다.	①	②	③	④	⑤
25	나는 약한 사람들을 돌봐주고 싶은 마음이 든다.	①	②	③	④	⑤
26	나는 어려움에 처한 사람을 보면 돕고 싶다.	①	②	③	④	⑤
27	나는 사람들과 함께 성장하고 싶다.	①	②	③	④	⑤
28	나는 어르신(또는 어린 아이들)을 보면 따뜻하게 대하고 싶다.	①	②	③	④	⑤

표 • 프로그램 구성내용

구분	회기	세부내용	소요 시간
1일차	1	프로그램 목적 및 운영방법	30분
		별칭, 자기소개, 규칙 정하기	1시간
		사회적 관심의 의미	30분
	2	사회적 자기 관심의 의미와 느낌 나누기	1시간
		사회적 자기 관심 연습: 자기지향 문장완성	1시간
	3	타인 관심의 의미와 느낌 나누기	1시간
		타인 관심 연습: 공감과 성장동기	1시간
	4	타인 관심 연습: 격려와 유머	1시간
		1일차 전체 소감 및 집단규칙 실천활동 점검	30분
2일차	5	사회적 자기 관심 및 타인관심 정리	30분
		집단규칙 실천활동 다지기	30분
		공동체 관심의 의미와 느낌 나누기	1시간
	6	공동체 관심 연습: 소속감	1시간
		공동체 관심 연습: 연결감	1시간
	7	영성 관심의 의미와 느낌 나누기	1시간
		영성 관심 연습	1시간
	8	사회적 관심 전체 정리	1시간
		2일차 및 전체 프로그램 소감 나누기 상담자로서의 가치 점검	30분
전체 소요시간			15시간

02

[1회기]

프로그램의 목적과 사회적 관심의 의미

[1회기]

02 프로그램의 목적과 사회적 관심의 의미

우리는 상담의 목표를 무엇이라고 생각할까요?

상담자는 '내담자'라는 타인과 안정된 장소에서 상담이라는 목적을 가지고 만나 관계를 형성합니다. 서로가 자신만의 주관적 세계를 가지고 있지만 상담자는 도움을 주기 위해, 내담자는 자신의 문제를 해결하기 위해 서로 만나게 됩니다.

최근에는 상담이 과연 효과가 있는가를 연구하는 많은 학자들이 있습니다. 그 중 Miller 등(1997)의 연구결과를 소개해 보겠습니다. 먼저, 약 40% 정도에 해당하는 효과는 상담 외적인 요인으로 인한 변화라고 합니다. 내담자 스스로 또는 주변의 환경 변화를 통해 이루어지는 효과라는 겁니다. 이는 상담에 오더라도 자연스럽게 내담자 스스로가 나아지거나 또는 주변의 상황이 나아진다는 것입니다. 우리의 삶이 그런 면이 있지 않겠어요?

그 다음, 상담자인 우리가 주요하게 보아야 할 점은 약 30%를 차지하는 상담자-내담자의 질 좋은 상호 관계였습니다. 이는 얼마나 오랫동안

상담을 받았는지가 중요하기보다는 내담자가 상담에 참여하는 수준, 상담자의 공감, 존중, 진실성 등이 더 중요하다고 강조합니다. 그 다음으로 상담의 이론과 기법이 15%, 상담에 대한 내담자의 기대가 15%로 나타났습니다. 그러니 우리가 갖추어야 하는 것은 상담에 대한 탄탄한 이론과 기법을 꾸준히 공부하고 연습하여, 내담자의 참여수준을 높이는 상호관계를 잘 구축해 나가야 한다는 것입니다.

그러기 위해서 상담자에게는 상담자인 자신과의 관계, 내담자인 타인과의 관계, 상담자로서 자신이 소속된 사회 공동체와의 관계, 이 모든 것을 포함하는 인간 본연에 대한 관심인 영성과의 관계가 중요한 과업이라 할 수 있습니다. 그게 왜 중요한지는 앞으로의 15시간을 통해 하나씩 고민해보면 좋겠습니다.

우리는 이 프로그램의 참여와 의식적인 훈련을 통해, 내담자와 상호주관적이고 치유적인 관계맺기를 연습하고 내담자의 자기이해와 성장을 돕는 상담자로서 성장해나갈 수 있습니다.

우리는 상담의 목표가 상담자인 자신이 뛰어나다는 것을 증명하는 일이 아님을 알고 있습니다. 상담자는 내담자가 자신의 인생 앞에 놓인 삶의 과제를 충분히 해결해 나갈 수 있는 존재임을 발견하도록 돕는 사람입니다. 저는 이것이 상담자가 가지는 진정한 '사회적 관심'이라고 말합니다.

우리 모두는 이렇게 소망할 수 있습니다.

우리는 자신과 타인을 격려할 수 있고, 공동체에는 기여하고 협력할 수 있으며, 자기 본연의 사랑스러운 사람으로 생생하게 살아갈 수 있습니다.

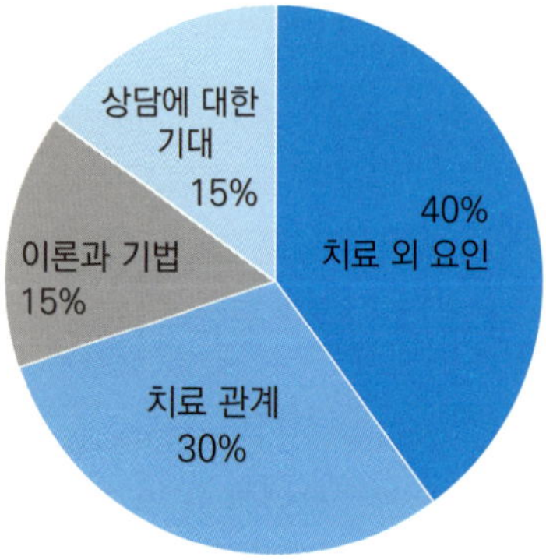

상담의 성과요인

표 • 상담의 성과요인

상담의 성과요인(Miller, Duncan, & Hubble, 1997)		
요인	**세부내용**	**비율**
치료 외 요인	내담자 자신, 내담자가 처한 환경의 일부 또는 전부	40%
치료관계	내담자-상담자 관계 질 좋은 상호관계 얼마나 오래 상담했는가는 동맹에 영향을 주지 않음 내담자의 참여 수준과 공감, 존중, 진실성이 더 중요	30%
이론과 기법	상담자의 모델과 기법	15%
상담에 대한 기대	기대, 희망감, 플라시보 효과 등 내담자가 상담을 받겠다고 결심하여 호전되는 부분	15%

삶이 사랑을 만날 때(사회적 관심 향상 집단상담)	
1회기	프로그램 목적, 자기소개 및 규칙
활동	별칭, 자기소개, 규칙 정하기

1. 별칭 짓기

자신이 상담자로서 실현하고 싶은, 지키고 싶은 가치를 여러 단어로 떠올려 주세요.
그 중, 이번 집단의 별칭으로 정할 한 단어를 선택합니다.

2. 자기 소개하기

다음의 내용을 모두 포함하여 자기 소개하는 시간을 가지도록 합니다.	
별칭의 의미	
이번 집단에서 그 가치를 별칭으로 지은 이유	
개인의 집단참여 목표	
기대되는 점 (또는 이번 집단을 통해 얻고 싶은 점)	
염려되는 점 (또는 궁금한 점)	

먼저, 여러분들은 상담자로서 자신이 꼭 실현하고 싶거나 지키고 싶은 가치가 있나요? 한번 떠올려 봐 주세요.

그리고 그 가치를 집단에서 별칭으로 사용할 단어로 작성해주세요. 별칭을 지었다면 자기 소개하는 시간을 가지도록 할 텐데, 집단에서 그 가치를 별칭으로 지은 이유와 집단 참여 목표를 공유합니다. 또한 집단을 통해 기대하는 점과 염려되는 점을 함께 나누며 집단원간의 친밀감을 증진해보도록 할 겁니다.

상담수련을 받으며, 수퍼바이저에게 들은 "내담자에게 집중하라."는 말이 저에게 정말 중요했어요. 지금까지도 꼭 지키고 싶은 가치여서 저는 "집중"이라고 별칭을 지었습니다.

정민

상담 안에서 생각과 감정을 다루는 것도 중요하지만, "추앙"해야지. "추앙"해서 내담자가 힘을 얻게 도와줘야지. 동료 선생님들에게도 힘을 줘야지 라는 생각에 "추앙"이라 이름 붙였어요.

두 번째 집단에서는 JOANNA BERTIGI가 일상의 주제로 떠올라 JB로 불리길 바랐는데…. 안타깝게도 리더님이 자꾸 '존버'라고 해서(우리는 띠동갑)…. JB라는 아이돌스러운 별칭은 포기해야만 했어요.

슬기

'진심, 진정, 진실' 등 "진"이 들어가는 단어를 좋아합니다. 참 상담자가 되고 싶은 바람으로 "미스 진"이라고 별칭을 지었습니다. 간혹 미스터로 오해하는 분들이 있어, 앞에 미스를 붙여 헷갈리지 않게 해드렸어요. 집단에 진심으로 진솔하게 참여하고 싶은 마음이 있습니다.

3. 규칙 정하기

다음의 내용에 대해 집단원들과 의견을 함께 나누는 시간을 가집니다.	
1) "사회적 관심"이라고 하면 먼저 무엇이 떠오르나요?	*사실 무슨 말인지 모르겠고, 와닿지가 않았어요.*
2) 사회적 관심이 겉으로 드러나는 것은 협력과 기여입니다. 집단이 운영되는 동안 자신이 이 집단에 협력하기 위해 어떤 기여 행동을 할지 정해 보세요. (아주 작은 행동일수록 좋습니다.)	*환기하기, 휴지 전달하기, 쓰레기 치우기, 공감 표현으로 고개 끄덕이기, 시간 지키기 등*
3) 집단원들과 각자 정한 기여행동을 공유하고, 수정이 필요한 것은 수정하고, 겹치는 행동에 대해서도 상의해 보세요.	*생각이 비슷비슷 했어요.* *'나도 그거 생각 했는데' 같은 반응으로 공통된 가치와 기대를 확인할 수 있었답니다.*

슬기: 저는 개인적으로 규칙을 정하면서 집단에 기여하는 행동을 실행할 때 훨씬 더 집단 프로그램 몰입에 도움이 되었어요. 보통 규칙이라 함은 '~하지 않기'처럼 부정적인 뉘앙스가 대부분인데, 이 집단에서는 '~하기'로 생각하니까 제가 이 집단에서 어떤 도움이 될 수 있을까 세심하게 관찰하게 되더라고요. 내가 이 집단에서 어떤 사람이 될 수 있을까? 규칙 정하기에서부터 우리의 사회적 관심이 10% 향상되었습니다!!! 아주 나이스~^^

정민: 10%만요? 미스진님이 보여준 모습은 200%이던데요?! 200% 에너지로 날아다니던 모습을 잊을 수 없어요.

그럼 이제, 개인심리학에서 말하는 사회적 관심의 의미에 대해 살펴보겠습니다.

사회적 관심(Social Interest)은 개인심리학을 창시한 Adler가 사용한 독일어 공동체 의식(gemeinschaftsgefühl)을 영어로 번역한 것입니다. 주로 사회적 느낌(social feeling), 공동체감(community feeling), 공공의 의도(communal intention), 공동체적 관심(community interest) 등으로 번역되어 왔는데, 그 중 사회적 관심이 가장 많이 사용됩니다(김필진, 2007). 개인심리학에서는 '사회적 관심'이 우리의 마음, 정신건강의 핵심이라고 이야기합니다.

Adler의 사회적 관심은 사회적 상황에 반응하려는 타고난 성향을 뜻하고, 사회적 관심을 무조건 타고나는 게 아니라 의식적으로 발달시켜야 하는 선천적 가능성이자 잠재력으로 보고 있습니다. 또 여기에는 공동체나 모든 인류에 대한 진정한 관심과 스스로 사회적으로 유용한 사람이 되고자 하는 바람을 포함한다고 합니다(Adler, 1929; Adler, 1933; Ansbacher, 1992). 사회적 관심의 의미에 대해서는 Adler의 저서 곳곳에서 표현되고 있습니다. 이후 후대 연구자들의 노력으로 사회적 관심을 측정하기 위한 척도들도 발전해왔습니다.

우리 집단에서는 사회적 관심의 개념을 도출하기 위해, Sweeney (1998)라는 개인심리학자가 Adler의 3가지 인생과제(① 일과 여가, ② 사랑, ③ 우정)에 ④ 자기지향, ⑤ 영성을 추가하여 5가지 인생과제로 발전시킨 개념을 바탕으로, 다양한 사회적 관심 측정도구의 하위요인들과 개인심리학 이론의 핵심 개념을 종합하였습니다(김영아, 2018).

그래서 사회적 관심은 총 4개 요인으로 구성되어 있습니다. 4개의 하위요인은 ① 사회적 자기 관심, ② 타인 관심, ③ 공동체 관심, ④ 영성 관심으로 우리의 사회적, 문화적, 시대적 상황을 고려한 개념입니다.

표 • Adler의 사회적 관심에 대한 정의(김영아, 2018)

출처	사회적 관심의 정의
Adler(1920)	삶을 소중하게 여기는 태도
Adler(1927)	열등감과 우월감이 사회적으로 유익한 경로로 돌려질 수 있는 심리적 메커니즘의 원천으로 용기, 사회성, 상식의 논리
Adler(1928)	가족을 넘어서 친척, 민족, 인류, 동물, 식물, 무생물, 우주까지 확장되는 공동체감
Adler(1929)	타고나는 게 아니라 의식적으로 발달시켜야 하는 잠재력인 선천적 가능성
Adler(1931)	인생의 의미를 인류 전체에 관심을 가지는 것
Adler(1933)	인류의 진보이자 사회적 상황에 반응하려는 타고난 성향
Adler(1978)	우정, 사랑의 과제를 통해 타인의 눈으로 보고, 타인의 귀로 듣고, 타인의 가슴으로 느끼는 방법을 배우는 것이며, 공동체의 일에서 자신에게 주어진 자리를 채우고, 사회적 삶을 긍정적으로 받아들여 타인에게 의미 있는 존재가 되고 인류의 존속을 가능하게 하는 것

표 • 척도별 사회적 관심의 정의(김영아, 2018)

학자	사회적 관심의 정의
Greever, Tseng & Friedland(1973)	일, 사회, 사랑, 자기중요성의 인생과제에서 기꺼이 협동하고 기여하려는 마음
Sulliman(1973)	삶의 흐름 속에 있다는 감정, 타인의 복지에 대한 관심 사회-정서적 성숙, 소속되어 있는 느낌, 사회에 대한 책임 공동체, 세계, 우주와의 관계뿐 아니라 타인을 받아들이려는 능력
Crandall(1975)	타인의 복지, 이익에 대한 관심

학자	사회적 관심의 정의
하창순, 최희철, 강석영, 김병석 (2004)	다른 사람과 협동하고 삶을 나누는데 참여하려는 의지
정민(2013)	사회 공동체에서의 소속감, 타인에 관한 관심과 흥미 및 사회적 협력을 표현하는 능력
김천수(2017)	공동체의 일원이라는 생각과 감정 그리고 그에 따른 행동 경향성

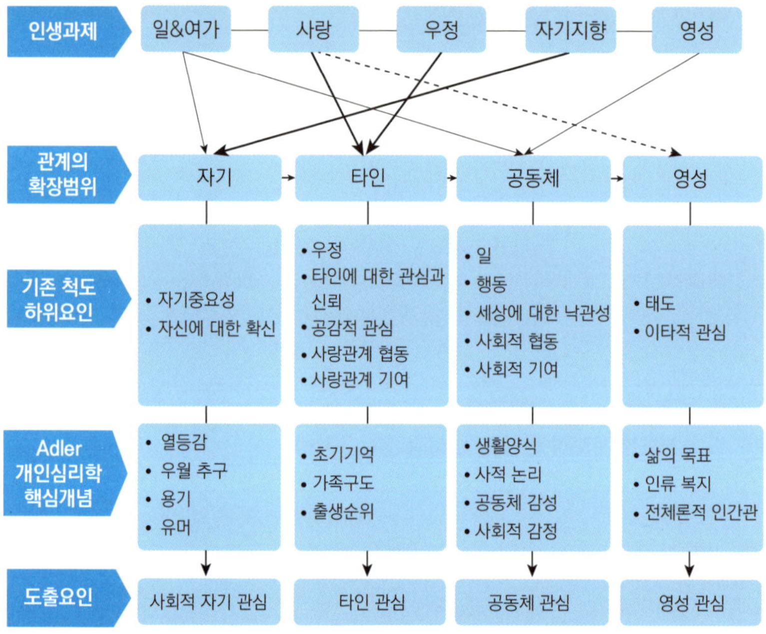

사회적 관심의 4가지 하위요인(김영아, 2018)

종합하여 살펴보면, 우리 집단에서의 사회적 관심(Social Interest)이란, 개인심리학의 일과 여가, 사랑, 우정, 자기지향, 영성의 5가지 인생과제에서 사회에 유용한 사람이 되고자 동기를 가지며, 타인에게 진정한 관심으로 협력하며, 공동체적 활동을 지향하여, 인류 전체의 복지를 실현하려는 삶의 태도를 말합니다(김영아, 2018).

어떤가요? 사회적 관심의 정의를 다시 눈으로 읽어보면서 어떤 단어가 자신의 눈에 가장 잘 들어오는지도 한번 떠올려봐 주면 좋겠습니다.

사회적 관심은 어떻게 형성될까요?

여기서 Adler의 열등감과 우월 추구의 개념이 매우 중요하게 등장합니다. Adler는 인간이라면 누구나 열등감을 느끼며 살아간다고 말합니다. 열등감은 객관적 사실이나 상황에 대해 스스로가 내리는 평가이고, 우리는 그렇게 열등감을 느낄 수 있는 상황이 반복되는 것에 적응해야 합니다.

우리는 태어나면서부터 양육자의 관심을 받기 위해, 주의를 끌기 위해 노력하게 됩니다. 혼자서는 무언가를 온전히 할 수 없는 상태이기 때문에 이러한 욕구는 열등감의 영향 속에서 발전해가고, 자신이 주위 환경보다 더 우월해 보이도록 하는 목표를 설정하게 된다고 보고 있습니다. 양육자의 도움이 생존과 직결하는 문제라고 접목해보면 더 쉽게 이해가 가지 않겠어요?

그런데 만약 아이의 우월 추구 노력이 실패하게 되면, 2가지 길로 가게 된다고 봅니다. 먼저, 스스로를 지나치게 열등하다고 평가하여 주어진 삶의 인생과제를 회피하게 되면, 열등감 콤플렉스(inferiority complex)를 드러내는 것이 됩니다. 그러나 자신의 우월성을 그릇된 성공을 통해 겉으로 증명해내는 것에 집착하게 되면, 우월감 콤플렉스(superiority complex)를 드러내게 된다고 말합니다. 두 가지 콤플렉스는 극복되지 못한 열등감을 감추기 위해 낙담한 자신을 거짓으로 가장한 것으로 보고 있습니다.

결국 열등감으로 개인적 우월성을 추구하는 것에 지나치게 집착하게 되면 파괴적인 생활양식을 가지고 신경증에 빠지게 된다고 보는 것입니다(Adler, 1927, 1931, 1933).

반대로 아이의 우월 추구가 주변이나 자신으로부터 격려를 받아 사회적으로 유용한 형태로 성공했을 때는 사회적 관심으로 성장하지만 그렇지 않고 실패할 경우는 열등감에 빠져 한 개인의 고유한 우월성이 낙담된 상태를 뜻한다고 볼 수 있습니다.

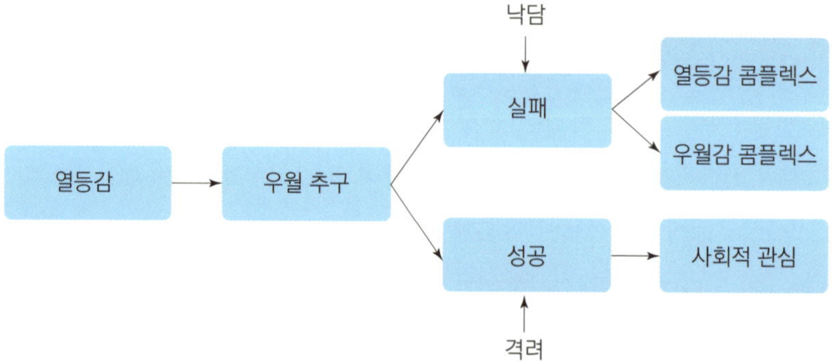

열등감과 우월추구의 발달 경로(김영아, 2018)

또한 개인심리학에서는 인간이라면 누구나 경험하게 되는 주요 인생과제가 있다고 말합니다. 정신이 건강한 사람은 인생과제를 기능적으로 잘 수행하면서 살아가게 되는데, 이 자체가 바로 사회적 관심이라고 강조합니다(김필진, 2005; Adler, 1931).

표 • 개인심리학에서의 5가지 인생과제

(참고: Adler, 1931; Yang, Milliren, & Blagen, 2009)

구분	인생과제
삶의 기본 과제	일과 여가, 사랑, 우정
존재, 소속에 대한 실존과제	자기지향, 영성

저는 이러한 사회적 관심이라는 개념을 참 좋아합니다. 개인심리학의 전반적인 이론도 저에게 잘 맞는다고 생각합니다. 처음 대학원에 입학해서 Adler의 출생순위에 따른 생활양식 내용을 접하고 나서, '헉! 우리집 이야기가 이론으로도 설명된다니!' 이런 느낌을 받았습니다. 그 뒤의 다양한 개념도 저의 삶의 이야기와 잘 맞닿아 있는 느낌이었습니다.

물론 이제는 이론의 일부 내용이 시대의 흐름과 맞지 않는다고 보는 것도 있습니다. 맞습니다. 저도 그렇게 생각합니다. 그럼에도 개인심리학에서 제 삶을 설명해주는 많은 것들을 보게 됩니다. 이런 관심 때문에 재미있는 논문도 한편 썼는데요. 우리가 잘 알고 있는 <콩쥐팥쥐> 설화를 개인심리학 이론에 접목하여 해석을 해 본 겁니다(김영아, 장혜선, 2022). 함께 연구한 선생님과 생각한 것은 콩쥐와 팥쥐 모두 가족으로 인한 트라우마가 있고, 자신들의 인생과제를 회피하거나 파괴적인 방식으로 대했지만 콩쥐가 성공할 수 있었던 것은 타인들이 콩쥐에게 보여준 "사회적 관심" 때문이라는 것이었습니다. 심리적 외상이 있는 사람에게 타인이 보여주는 사회적 관심은 매우 소중한 경험이지 않을까요? 진정한 사회적 관심을 바탕으로 세상을 살아가는 연습을 해야 하는 사람들이 바로 우리 '상담자'라고 말하고 싶습니다. 여러분들은 어떤가요?

1회기 후, 함께 들으면 좋은 노래

All My Days / 알렉시 머독(Alexi Murdoch)

상담자라는 정체성을 가지고,
그 동안의 삶의 과정 안에서,
일상의 모든 날들 속에서
마음 안의 것들을 찾으려고
애썼던 과정을 떠올려 보세요.

머리부터 발끝까지 불안한 상담자이지만,
내담자에게 해를 끼치지 않기 위해
부단히 완벽하려 노력해왔어요.

이 업이 투자 수익률이 썩 좋지 않은 것 처럼 보이지만^^ 생각해보면 빠르게 흐르는 일상 속에서 잠시 멈춰 스스로와 대화하는 힘을 얻었고 인생의 전환점이 됐어요.

03

[2회기]

사회적 자기 관심

[2회기]

03 사회적 자기 관심

사회적 관심의 첫 번째 요인으로 '사회적 자기 관심'에 대해 알아보겠습니다. 먼저 이 말을 들었을 때 어떤 느낌이 드나요?

슬기: 사회 속 한 사람인 나에게 관심을 갖는다? 뭔가 혼자인 듯 혼자아닌 나~

정민: 자기 관심인데 사회적이기까지 해야 한다니~ 너무 많은 걸 해야 해서 부담시러워여~

사회적 자기 관심(ISS: Interest in Social Self)이란 무엇일까요?

자신을 있는 그대로 수용하고, 스스로의 가치가 사회적으로 유용하다고 확신하는 태도를 말합니다. 자신을 있는 그대로 수용하는 용기가 있고, 개인의 삶을 사회적으로 유용한 방향으로 보살피는 '자기지향'의 인생과제가 지향하는 사회적 관심이라고 할 수 있어요(김영아, 2018).

나에 대해 생각하고, 이해할 시간도 없는데 사회적인 것까지 신경 써야 하나? 내가 꼭 사회적으로 유용하기까지 해야 하나? 이런 마음은 안 드는지 궁금하네요.

자기지향(Self direction) 인생과제의 소개 (Sweeney, 1998)
- 개인의 성격과 독특한 특성으로 일상생활 교류뿐만 아니라 장기적인 목표 추구에 있어 개인이 자신을 규제하고 훈련시키는 방식 - 주로 개인의 특성과 관련된 기질, 관심사, 충동, 가치, 자아개념, 능력, 정서적 패턴 등이 포함 - 개인의 독특한 정체감이자 적응의 총합 - 12가지 항목 관리 필요: 가치감, 통제감, 현실적 신념, 정서적 자각과 대처, 문제해결과 창의성, 유머감, 영양, 운동, 자기보살핌, 스트레스 관리, 성정체감, 문화정체감

사회적 자기 관심은 결국 자신이 사회적으로 쓸모있는 존재라는 것에 대한 긍정적 자아개념(self-concept)이라고 볼 수 있습니다. 자신에 대한 긍정적 평가는 상담자인 우리에게 매우 중요한 요인입니다. 상담자가 스스로를 잘 돌보고 긍정적으로 평가할 줄 알아야 내담자에게도 이를 모델링하거나 훈련할 수 있도록 도울 수 있을 것입니다. 자아존중감(self-esteem), 자기효능감(self-efficacy), 자아정체감(self-identity), 자기평가(self-evaluation) 등의 여러 개념들을 접목해서 이해하는 시간을 가지면 좋겠어요.

그렇다면, 우리는 사회적 자기 관심을 위한 자기지향 인생과제를 얼마나 수행하고 있는지 한번 활동으로 점검해볼까요?

삶이 사랑을 만날 때(사회적 관심 향상 집단상담)	
2회기	사회적 자기 관심
활동	자기지향 문장완성

1. 자기지향 인생과제 점검하기

(출처: Sweeney, 1998)

다음의 12가지 자기지향의 인생과제에 대한 핵심개념을 생각해보고, 각자의 삶에서 어느 정도 위치에 있는지 서로 점검하는 대화를 나누어 보세요.

12가지 항목	핵심개념	인생과제의 점검
가치감	자기수용, 자기존중감	*평생 해야할 일...*
통제감	열등감 극복을 위한 힘	*천국에서 가능한 일*
현실적 신념	현실을 있는 그대로 지각하는 사고	*훈련 중 :-)*
정서적 자각과 대처	자신 및 타인의 정서에 접근하고 공감하는 능력	*배우는 중*
문제해결과 창의성	문제해결을 위한 개방적 사고	*이건 좀 잘 하고 있지! 훗!*
유머감	치료적 활용으로의 긍정적 유머	*상담에서 숨쉬듯 하는 중*
영양	식습관을 통한 일상생활 건강	*지금 나에게 너무 중요한 부분*
운동	신체활동 기능	*이루고 싶은게 있다면 체력을 길러라!*
자기보살핌	심리적 안녕을 향상시키는 개인의 습관	*매일 우리 토토(개) 꾸순내 흡입*
스트레스 관리	스트레스 원인은 최소화하며, 유능감을 가지고 상황에 대처하는 시도	*지금 너무 필요한데 잘 안되는 ㅠㅠ*
성정체감	자신의 성정체감을 어떻게 활용할지 선택하는 시도	*OMG*
문화정체감	자신이 속한 문화의 유익한 면을 평가할 수 있는 능력	이게 뭐죠? 말로 표현해보기가 낯설어요.

슬기

여기서는 12가지 인생과제 항목을 아주 가볍게 살펴봅니다. 깊게 생각할 수 있는 시간은 다음 활동지에 준비되어있어요. 각자의 삶에서 각 항목을 얼마나 의식하고 있는지, 그리고 현재 무엇을 중요하게 생각하는지 줄세워 볼 수도 있어요. 또는 각자 생각하는 각 단어의 의미가 서로 다를 수도 있어서 그 차이를 알아가도 좋고, 각 과제의 달성 정도를 체크해 볼 수 있죠.

그런데 여러분 혹시 "인생시계"라는 개념을 들어보셨는지요? 사람의 일생을 24시간에 빗대어 표시한 것인데, 평균수명인 80세를 24시간이라고 볼 때 1년은 고작 18분에 불과합니다. 제가 지금 37세인데, 저는 오전 11시 11분을 지나고 있겠네요. 전 아직 오전이고 이룬 것이 없다고 좌절할 필요가 없겠네요 :-)

너무 정신승리인가요? 푸하하

이 활동을 하면서 우리 각자의 관점이 비슷하면서도 정말 다르구나를 느꼈어요. 제가 만나는 내담자는 어떤 생각을 하고 있을까? 더 궁금해지고 이 표를 가지고 이야기를 나눠봐도 좋을 것 같다! 생각했죠. 그런데 또 한편으로는 성정체감이나 문화정체감에 대해 더 편안하게 이야기할 수 있으면 좋겠다는 생각이 들면서, 아직은 어려워하는 제 자신을 보았습니다. 여러분은 어떠셨나요?

2. 자기지향 인생과제 문장으로 완성하기

(참고: Branden, 1994)

12가지 항목	문장 완성하기
가치감	나를 수용(존중)한다는 것은, *미워도 다시 한번 나에게 기회를 준다는 의미이다.*
통제감	오늘 내 삶이 적절하게 통제된다면, *오늘 목표를 이루겠지^^*
현실적 신념	현실을 있는 그대로 지각하면, *단순해진다구~*
정서적 자각과 대처	오늘 나의 감정은 *맛있는거 먹어서 날아갈 듯 가볍고 즐거워!*
문제해결과 창의성	나에게 주어진 문제를 더 개방적으로 생각한다면, *바로 움직일 수 있을거야*
유머감	삶에서 어려움이 있을 때 긍정적 유머를 활용한다면, *옆에 있는 사람과 한 번 크게 웃을 수 있어*
영양	나의 건강을 위해 (지키고 있는 / 추가할) 것이 있다면, *배 찢어지게 먹지 않는 것!*
운동	나의 원활한 신체활동을 위해 (지키고 있는 / 추가할) 것이 있다면, *1주일에 1번 꼭 헬스장 가기! 여유가 된다면 2번도*
자기보살핌	나의 심리적 안녕을 향상시킬 수 있는 1가지 습관은, *퇴근 하고 토토(우리집 개) 꾸순내 흡입하기*
스트레스 관리	스트레스라고 느껴지는 상황을 잘 조절해내고 있다는 마음이 들려면, *1일 1회 성공 경험이 필요해(예: 하루 세끼 먹기)*
성정체감	나의 성정체감을 활용해본다면, *더 자연스러워지겠지?*
문화정체감	내가 속한 문화적 환경의 유익한 면을 평가해본다면, *안전한 여행이 가능하다*

슬기

이러한 모든 자기지향 활동을 점검해보니, 따로 또 같이처럼 항목들 서로서로 영향을 주고 있는 것 같아요. 긍정적 유머로 옆에 있는 사람이 한번 크게 웃을 때 가치감도 올라갈 것 같고, 하루 세끼 먹을 때 건강도 지킬 수 있을 것 같고 ^^ 한 과목 인생 과제를 했는데 두세 과목 점수가 올라간 느낌이랄까요?

Branden(1994)의 <자존감의 여섯 기둥>이라는 도서에서는, 자존감을 높이기 위한 단계들로 6가지를 제시합니다. ① 의식하며 살기, ② 자기 수용하기, ③ 자기 책임지기, ④ 자기 주장하기, ⑤ 목적에 집중하기, ⑥ 자아 통합하기를 문장으로 완성하는 활동을 소개해 주기도 합니다.

우리 프로그램의 사회적 자기 관심은 인간을 사회적 존재로 보고, 사회적 자기 역할, 사회적 자아존중감 등을 중요하게 생각하기 때문에 이를 연습하기 위해 비슷한 활동을 구성해 보았어요.

참고로 Branden(1994)이 제시하는 자기존중감이 높은 사람들의 특징에 대해서도 살펴보면 더욱 도움이 됩니다.

2회기 후, 함께 들으면 좋은 노래

Hey Jude / 비틀즈(The Beatles)

자신에게 위로와 용기,
치유의 메시지를 전달해보세요.

하고 싶은 일을 하는 게 제 인생이에요 – 짱구

맛있으면 0칼로리 – 최화정

04

[3회기]

타인 관심: 공감과 성장동기

04 [3회기] 타인 관심: 공감과 성장동기

사회적 관심에서 가장 중요한 요인을 뽑으라면, 타인 관심과 공동체 관심이라고 할 수 있습니다. 사회적 관심의 개념 자체가 그 명칭에서부터 드러나듯이 자신에게 집중하기보다는 나 아닌 다른 사람의 마음과 내가 속한 공동체, 혹은 인류에 도움이 되는 행동을 더 강조하는 의미이기 때문입니다.

그럼 먼저, 사회적 관심의 두 번째 요인으로 '타인 관심'에 대해 알아보겠습니다. 이 말을 들었을 때, 어떤 생각이 드나요?

정민: 요정도는 사실 껌이라고 생각했어요! 그래도 상담자니까 타인 관심 하나는 무쟈게 많지! 하지만...

슬기: 반면 저는 완전 쓰트뤠th~! 사회적 자기 관심도 벅차다고!!!!

타인 관심(IO: Interest in Others)이란 무엇일까요?

타인의 행복을 중요시하고, 정서적으로 타인의 마음을 이해하고 이를 표현하려는 태도를 말합니다. 자신만의 이익보다 타인의 복지나 성공에도 관심을 가지고 타인에게 동일시, 공감, 수용하는 것으로 관심을 표현하는 능력이며, 타인과의 관계 속에서 이루어지는 '우정, 사랑'의 인생과제가 지향하는 사회적 관심입니다(김영아, 2018).

우정(Friendship)과 사랑(Love)의 인생과제의 소개 (Sweeney, 1998)

- 우정: 사회적 감정으로 타인과 연결되려는 마음, 지역사회 안에서 타인과의 연계를 포함하는 모든 사회적 관계, 스트레스와 일상생활 사건으로부터 개인을 보호하는 역할
- 사랑: 애정 관계, 깊은 친밀감과 신뢰를 바탕으로 자기 노출과 협동적 관계가 필요한 인생과제

상담자인 우리에게 타인에 대한 관심은 그 어느 것보다 가장 중요합니다. Adler학파 상담자들은 Adler(1928)가 강조한 "상담자는 내담자의 눈으로 보고, 내담자의 귀로 듣고, 내담자의 마음으로 느낀다"는 말을 마음에 담아둡니다.

타인 관심을 훈련하기 위해 우리는 상담자의 기본이지만 가장 어렵기도 한 공감과 타인의 성장동기를 찾는 연습을 하고자 합니다. 여러 방식으로 훈련이 가능하겠지만 우리는 이장호&금명자(1992)의 도서에서 그 방법을 가져와 봤습니다.

먼저 누군가와 공감과 성장동기를 바탕으로 한 대화를 하려면, 상대의 말에서 그 말이 주는 느낌을 찾아야 합니다. 이것이 긍정적 느낌인가? 부정적 느낌인가? 그리고 그 안에 담긴 감정의 다양한 종류도 떠올려보고, 어느 정도 강하게 경험하고 있는지도 살펴야 합니다. 되도록이면 상대가 사용한 단어와 비슷한 정도의 단어들을 생각해보고, 또 상대가 사용하는 단어의 범위를 넘지 않게 표현해봅니다. 그리고 상대의 말에서 깊은

성장의 동기를 찾아봅니다.

예를 들어, 공부가 잘 되지 않아 너무 죄책감이 든다고 호소하는 내담자가 있다면, "공부를 하는 일에, **씨가 큰 책임감을 경험하나 보네요." 하고 말해줄 수도 있겠습니다. (마음에 들지 않는다면 다른 표현으로!)

집단에서 함께 여러 공감적 표현과 타인의 성장동기를 찾고 그것을 표현해 주기 위해 노력했는데, 말을 만들다보니 자꾸 '~구나!, ~네요.' 로 끝나기도 했습니다. 상담자들이 자주 걸린다는 "쿠나병"에 이어, "네요병" 까지 생길 지경이었어요. 다양한 문장 어미를 유려하게 구사하고 싶다는 생각이 들기도 했습니다.

더 좋은 표현들이 있다면 떠올려봐 주세요!

표 • 공감적 이해를 위한 표현방법

(참고: 이장호, 금명자, 1992)

공감과 성장동기 연습을 위한 방법
① 느낌의 일반적 범주를 말하기 (긍정적-부정적)
② 느낌의 상세한 종류를 말하기 (즐겁지 않다, 불안하다, 들떠 있다)
③ 느낌의 강도에 대해 서술하기 (강하다-보통이다-약하다)
④ 상대가 자신의 느낌을 표현하기 위해 사용하는 단어들과 같은 의미를 가진 단어 선택하기
⑤ 상대에게 의미있는 단어, 그가 사용하는 어휘 범위 내에 있는 단어를 사용하여 표현하기
⑥ 성장동기 찾기 (공감적 이해의 가장 높은 수준에는 성장동기를 외현화하는 반응이 포함됨)

그리고 각 감정에 대한 깊이 있는 공부를 위해, <감정과 이성> 이라는 도서를 꼭 읽어보기를 추천합니다(Lazarus & Lazarus, 1994).

슬기

'타인 관심' 에 대해 어떤 느낌이 드는지 이야기를 나누었어요. 저는 아파트 엘리베이터에서 마주치는 사람들, 버스기사님, 헬스장에서 만나는 사람들.. 스쳐지나가는 다른 사람들과 인사를 나누지 않아요. 여러분은 어떠신가요?

간혹 인사를 건네주시는 분들이 계신데, 그럴 때마다 저는 당황하여 들리지 않는 목소리로 "아...ㅇ..ㅔ..." 얼버무리거나 고개만 까딱 하는 정도이죠.

근무를 하는 사무실에서도 그렇게 타인에게 눈길을 주지 않는 편이라 '타인 관심' 이란 말이 솔직히 불편했답니다.

저 상담자로 괜찮은 거 맞겠죠?^^

삶이 사랑을 만날 때(사회적 관심 향상 집단상담)	
3회기	타인관심 I
활동	공감 & 성장동기 반응

1. 공감 반응 연습하기

번호	예시상황	공감 반응
1	처음 학교에 왔을 때에는 사람들 만나는 것도 괜찮았어요. 이제는 이게 다 무슨 의미가 있지? 나한테 무슨 도움이 되지? 그렇게 느껴져요.	*처음과 다르게 막막하게 느껴져서 어렵겠다*
2	이번 주까지 과제, 쪽지시험이랑 3개나 있어요. 그런데 준비된 게 하나도 없어요. 도저히 집중이 안 돼서 어떻게 해야 할지 모르겠어요.	*얼마 남지 않은 상황에 답답하겠다*
3	제가 너무 큰 잘못을 저질러서. 선생님께 솔직하게 말하기가 힘들어요. 너무 창피해요.	*선생님을 실망시키고 싶지 않았는데, 그러지 못한 것 같아 부끄럽구나*
4	동기랑 의견이 다른 일로 좀 냉랭해진 상태예요. 말을 걸기도 애매하고, 그렇다고 친구도 사과할 것 같진 않아요. 저도 그러고 싶지 않고요.	*이러지도 못하고 저러지도 못해 복잡하고 답답하겠다*

번호	예시상황	공감 반응
5	저도 모르게 화가 났어요. 제 앞으로 차가 무리하게 끼어드는데, 연인이 옆에 있는데 욕을 하면서 그 차 앞으로 다시 끼어들었어요.	*이성을 잃을 만큼 화가 많이 났구나*

슬기

공감의 첫 걸음은 자기감정인식이라고 합니다 :-) 예시상황을 봤을 때 어떤 감정이 느껴지나요?

예시상황은 파악할 수 있는 정보량이 많지 않아 공감하기 어렵다는 마음도 들었어요. 완벽하게 하지 않아도 괜찮아요! 과도하지 않은 공감이 필요할 때도 있습니다. 상담하면서 과도한 공감으로 내담자의 타박을 받았던 기억이 새록새록 납니다~^^

최소한의 정보로 공감을 연습하다보니, '다음에 무엇을 질문해야겠다' 떠올라 좋았어요.

2. 성장동기 반응 연습하기

번호	예시상황	성장동기 반응
1	부모님이 빚이 많아요. 저는 그걸 감당하고 싶지 않아요. 이해가 안 돼요. 부모님과 인연을 끊고 싶어요.	*내 인생을 내가 잘 꾸려나가고 싶네요*
2	꼭 제가 그 방법이 아니더라도 죽을 수 있겠다는 생각이 드는 거예요. 근데 그때, 부모님 생각이 나서... 너무 짜증이 나는 거예요.	*내가 원하는 대로 살고 싶은 마음이 있네요*
3	저는 연인의 행동이 용납이 안 되거든요? 술자리에서 이동할 때마다, 아니면 1시간 마다 연락이라도 하라는 건데, 매번 알겠다고 하고 못 지켜요.	*서로 간의 믿음을 중요하게 생각하네요*
4	중3 때부터 아팠어요. 동생이 더 아파서 제가 아프다는 걸 말할 수 없었어요.	*가족에게 힘이 되어주고 싶었네요*
5	저는 사람들에게 다 맞춰 주는데, 그걸 너무 만만하게 보는 사람들이 많아요.	*타인의 입장을 먼저 생각해보려고 노력했네요*

슬기

저는 이 부분이 굉장히 흥미로웠어요!!! 처음 예시의 상황을 읽는 것만으로도 마음이 답답해서 헉! 헉! 거렸거든요. 다들 읽으면서 웅성웅성. 어떻게 찾으라는 거야?? 성장동기? 웬 말~ 헥...

서로 눈이 마주치면 예시 상황의 답답함에 웃음이 나왔지요. (서로에게 공유된 정서가 이토록 합일된 마음을 빨리 만들 수 있다는 것이 놀라웠지요.)

근데, 같이 이야기를 나누며 농담처럼 말도 안 되는 면들을 이야기하고, 성장동기라는 놈을 찾다보니... 또 긍정적인 면들도 있더라고요?

3회기 후, 함께 들으면 좋은 노래

한숨 /이하이

일상에서 친구의 이야기가 잘 와 닿지 않는다고 해서,
상담에서 내담자의 이야기가 잘 이해되지 않는다고 해서,

누군가의 한숨에 잣대를 놓을 수 있을까요?

가사가 참 예쁘다고 생각했어요.
다른 사람의 마음을 헤아려보려는 그 마음.
바다의 윤슬보다 반짝이는 그 순간.

샤이니 종현이 만든 곡. 저도 참 좋아하는데요.
모두 수고했어요.

05

[4회기]

타인 관심: 격려와 유머

[4회기]

05 타인 관심: 격려와 유머

개인심리학에서 상담자가 사용하는 핵심 기법 중 가장 중요한 기술은 격려라고 말할 수 있습니다. 그리고 격려 안에는 유머기술도 크게 차지해요. 하하하하하! 지금 당장 웃어보세요. 주변이 신경 쓰여 너무 부끄럽다면, 씈~ 하고 두 입술을 올려 입가에 미소를 지어보세요. 그리고 옆에 있는 사람들을 선명하게 바라보세요! 인중을 봐서도 안 되고, 코를 봐서도 안돼요. 꼭 상대의 두 눈을 마주보고 정확한 눈맞춤을 해보세요.

혼자 있나요? 거울을 보거나 표정을 가진 이미지, 인형을 잡고서라도 정확한 눈맞춤을 해보세요. 웃음이 가지는 치유의 힘은 너무 너무 사랑스럽답니다. 그저 마주보고 웃는 것만으로도 웃는 나 자신이나 상대방까지 힘을 나게 합니다.

정민: 상담에서 눈맞춤은 힘들기도 해요. 특히 침묵이 가미된다면, 두 눈을 어디에 둬야 할지... 그때부터 동공지진입니다.

개인심리학에서는 자신이 낙담될 때, 타인도 낙담시키는 경향이 있고, 누군가에게 격려를 받으면 자신도 누군가에게 긍정적인 기여를 하기 위해 타인을 격려할 수 있다고 말합니다. 그렇기 때문에 우리에게는 서로에게 정서적으로 깊은 협동, 즉, 이러한 사회적 관심이 서로에게 필요하다고 합니다(Dinkmeyer & Losoncy, 1996).

> 긴장된 상황이나 어려운 상황에서는
> 실수들이 눈에 훨씬 더 쉽게 드러난다.
> 사실 어려운 상황은 거의 언제나 새로운 상황이다.
> 우리의 임무는 그런 사람들이 망설이는 태도를 버리도록
> 훈련시키는 것이다.
> 그런 사람을 위한 적절한 치료는 그들을 격려하는 것이다.
> 우리는 그들에게 스스로 어려움을 직면하고
> 삶의 문제를 해결할 능력을 갖추고 있다는 점을 이해시켜야 한다.
> 이것이 자신감을 키우는 유일한 길이자,
> 열등감을 치료하는 유일한 방법이다.
>
> (Adler, 1927)

격려(encouragement)란, 우리가 용기를 낼 수 있도록 내면의 자원과 용기의 발달을 촉진시켜 인지, 정서, 행동에 긍정적 영향을 주고, 자아존중감과 자기 확신을 형성하도록 돕는 과정입니다. 격려는 행동의 결과보다는 시도나 그 행동 자체에 초점을 둡니다. 낙담해서 실망에 빠져 있는 사람이 자신의 에너지를 긍정적 목표를 향해 쓸 수 있도록 돕는 거예요. 격려하는 방법은 상대의 말을 효율적으로 듣고, 협력과 수용하는 마음으로 유머와 희망을 사용하여 상대의 감정, 노력, 존재 자체에 집중하면서

그 사람의 성장과 향상에 관심을 두고 대화하는 겁니다.

격려하는 사람은 타인의 마음을 사로잡고 관심사를 공유하며 타인에게 긍정적인 태도를 가진 사람을 뜻합니다(Dinkmeyer & Losoncy, 1996).

한번 생각해보세요. 우리는 누구에게 가장 격려적인 사람인가요? 또 때로는 누구에게 가장 낙담시키는 말을 하게 될까요?

“이제 망했어, 해봤자 소용없어.”라는 낙담과 좌절의 상태에서, “이제 이걸 하겠어. 이렇게 된다면 좋겠어.”의 유연한 생각으로 자신에게 도움이 되는 말로 격려할 수 있나요? 그런 마음으로 내담자를 만날 수 있을까요?

불안하거나 부정적인 생각이 들 때, 우리는 최악의 상황까지 상상할 수 있습니다. 누군가를 격려하려면, 어려운 상황에서도 비집고 들어가 새로운 관점이나 희망적인 면을 고려해야 하기 때문에 유머로 편안한 분위기를 만드는 게 도움이 됩니다.

유머는 높은 긴장이나 불안을 탁! 하고 한숨 돌리게 해 주는 효과가 있습니다. 또 불안으로 쏠리는 에너지를 자신에게 도움이 되는 방향의 에너지로 사용할 수 있도록 힘을 줍니다. 개인심리학에서는 이것이 진정한 격려라고 표현합니다.

정민: 유머는 인간으로 하여금 자신으로부터 자기를 분리시킬 수 있도록 하고, 그렇게 함으로써 자신을 완전히 통제할 수 있는 능력을 갖도록 해준다고 빅터 프랭클도 말했지요(삶의 의미를 찾아서, 170p)! 또 누가 말했냐면... 음....

아시다시피, 유머에서 중요한 건 적절한 타이밍과 공유되는 정서입니다. 다른 상담기법들도 정확하게 사용하지 않으면 효과적이지 않은 것처럼, 유머 역시 적절하게 사용하지 않으면 효과를 보기 어려운 건 마찬가지입니다.

결국 상대방에 대한 깊이 있는 관심과 공감적 이해가 있어야 유머도 가능해요. 그러니 격려든 유머든 다른 상담기법이든 우리는 열심히 훈련해야 할 겁니다!

물론 그 외에 개인심리학에서 사용하는 다양한 기법들(마치 ~처럼 행동하기, 단추 누르기, 해석, 재정향 등)이 있긴 합니다. 우리 집단에서는 특별히 다루지는 않기로 할게요.

우리는 집단을 운영하면서 우리의 공간이 편안하고, 유머가 있는 자리로 만들기 위해 집중합니다.

저는 사람들과 대화할 땐, 웃기고 싶은 마음 때문에 입이 간질간질한 성향입니다. '아, 웃기고 싶다.' 소망합니다. 게다가 말은 빠르고 양도 많은데다가 호들갑을 잘 떨고 목소리도 큰 편입니다. 그러니… 제 주변의 사람들은 얼마나 귀가 아프겠습니까. 정말 감사한 마음이 큽니다.

말 많은 사람이 물에 빠지면 입만 동동 뜬다는 말이 있지만, 저는 발만 동동 뜬다고 생각합니다. 왜냐하면, 물고기와도 할 말이 엄~청 많거든요. 너무 너무 궁금한 게 많지 않겠어요?

당신이 타인을 웃음짓게 할 때마다
바로 세상을 변화시키고 있는 것이다!

(Dinkmeyer & Losoncy, 1996)

삶이 사랑을 만날 때(사회적 관심 향상 집단상담)	
4회기	타인관심 II
활동	격려기술과 유머

1. 격려 연습하기

(참고: Dinkmeyer & Losoncy, 1996)

번호	예시상황	다양한 격려 반응을 찾아 연습해보세요.
1	"제가 말이 많다보니, 저도 모르게 자꾸 모든 대화를 뚝뚝 자르고 제 쪽으로 가져오게 되어요. 그러다 보면, 분위기가 갑자기 싸해지는 게 느껴져요."	*자기 얘기를 잘하시네요. 처음에 분위기를 잘 풀어주셨겠어요.*
2	"수능을 망쳤어요. 성적이 계속 좋았는데, 결국 마지막에 와서 전부 망한 거예요. 저는 늘 압박이 강한 상황에서는 제 능력을 발휘하지 못해요."	*그런 상황에서도 원하는 걸 얻기 위해 끝까지 견디며 하셨네요. 대단해요!*
3	"역시 그럴 줄 알았어요. 저는 제대로 해내는 일이 정말 하나도 없어요."	*반복되는 어려움 속에서도 다시 도전하셨네요.*
4	"나는 별로 상관없어. 너 하고 싶은 대로 해." (실망, 거부로 느껴질 때)	*그 상황이 마음에 들지 않아도 함께 해보려고 하네요.*
5	"보고서를 작성하긴 했는데, 팀원들에게 이해하기 어렵다는 평가를 받았어요. 저는 한다고 한 건데, 어쩜 그렇게 말할 수 있죠?"	*팀에 도움이 되기 위해 생각을 많이 하고 작성하셨네요.*

Dinkmeyer & Losoncy(1996)의 저서에는 개인심리학 이론을 적용한 격려기술 연습활동이 많이 소개되어 있어요. 이를 수정하고 참고하여 격려하기 힘든 상황을 만들어 연습하도록 구성해보았어요. 극한의 상황에서도 격려의 말을 연습해볼까요?

슬기

역시나 쉽지 않았어요. 제 뇌에서 자주 쓰는 부분이 아닌지 쥐가 나는 느낌이랄까? 이런 저에게 격려한다면, '연습하니까 되네요! 못하는 게 아니었어요. 하지 않을 뿐!'

혹시 격려 연습하면서 떠오르는 사람이 있나요? 저는 제 상담 선생님이 많이 떠올랐어요. (엄마 미안) '선생님이라면 이 상황에서 뭐라고 말씀하셨을까?' 상담 잘 받았다 내 자신! 돈을 허투루 쓰지 않아서 기분이 좋네요:-) 저와 상담했던 내담자분들도 이렇게 생각해 주실까요? 물어보고 싶다.

2. 유머 연습하기

(출처: Dinkmeyer & Losoncy, 1996)

번호	예시상황	유머 반응
1	내가 모바일로 표를 직접 예매하고 친구와 영화를 보러 갔다. 티켓을 열어보고 다른 날짜에 왔음을 알게 되었다.	*오늘 우리 단 둘이 시간을 보낼 수 있겠다~! 완전 럭키비키잖아!*
2	"만약, 친구들이 제 말에 대꾸를 하지 않는다면, 정말 좌절스러울 거예요."	*나 누구랑 얘기하고 있니~? 내 목소리 들리니~~*
3	어떤 주제에 대해 자신이 얼마나 편협한 마음과 시선을 가지고 있었는지 사람들에게 증명하기	*어제는 색안경을 하루 종일 끼고 있었으니까 오늘은 좀 벗어볼까?! 저는 깔별로 안경이 있어요.*
4	투덜대기, 제멋대로 하기의 긍정적인 효과에 대해 주장하기	*할 말 다하면 뒤끝도 없고 기분이 조크든요~*
5	일이 잘 풀리지 않을 때는 왜 우울해져야 하는지에 대해 이야기해보기	*일이 안 풀리는데 미치지 않는 게 다행이지. 먹고 해~*

슬기

유머와 조롱은 한끗 차이~!!

3. 격려자로서의 강점

연습을 통해 알게 된, 격려자로서 서로의 강점에 대해 이야기해 보세요. 또는 아무도 나의 강점을 말해주지 않으면, 스스로 격려자로서 자신의 강점에 대해 이야기해 보세요.

정민 집단원들이 저는 '책임감이 있고 유머가 있는 사람'이라고 해주었어요. 제가 생각해도 그래요. (쁘이)

저는 숨쉬는 것만으로도 사람들을 웃길 수 있습니다. 저를 만나러 오세요. 너무 매력적이라서 깜짝 놀라실 겁니다. 슬기

1일차 마무리하며

4회기를 마쳤네요. 여기까지가 7~8시간의 집단상담 1일차를 마무리하는 시간입니다. 소감은 어떤가요?

- 1회기에 정한 집단을 위한 기여활동에 대해, 나는 얼마나 실천했나요? (유머로 표현해주세요!)
- 각자 정한 기여활동 규칙을 수행한 사람 중에 가장 기억에 남는 사람은 누구인가요? (격려로 표현해주세요!)

정민 집단원들이 기여활동에 대해서는 전반적으로 잘 이행하지 못했다고 아쉬워했어요. 첫 번째 집단에서는 둘째 날이 기대가 된다는 반응들이 많았었고, 두 번째 집단에서는 혼란스러움이 주된 반응이었어요. 상반된 반응이 각자 다른 경험의 차이라 생각되어 흥미롭기도 했고, 있는 그대로의 모습이 공동체에서 수용될 수 있을까 걱정하는 것도 자연스럽다 생각했어요.

좀 쉬운 기여활동을 정할 걸~ 하고, 아쉬워하는 집단원도 있었는데, 아주 현실적인, 기여활동에서 자신이 정말 할 수 있는 걸 정하는 것도 중요해 보였답니다! 슬기

4회기 후, 함께 들으면 좋은 노래

Going Home / 김윤아

서로를 격려하며
잘하고 있다고
함께 웃어 보아요.

온 우주가 분명 함께 할 거예요. 늘 그랬듯.

슬픔을 나눌 수 있을지, 겁이 나고 잘 모르겠어요... ㅜ

06

[5회기]

공동체 관심: 소속감

[5회기]

06 공동체 관심: 소속감

앞서 이야기했듯, 사회적 관심에서 가장 중요한 2가지 요인은 타인 관심과 공동체 관심입니다. 특히, 공동체 관심은 사회적 관심의 정의 자체와 가장 유사하다고 할 수 있습니다.

그럼, 사회적 관심의 세 번째 요인인 '공동체 관심'에 대해 알아보겠습니다. 먼저 이 말을 들었을 때 어떤 느낌이 드나요?

공동체 관심(IC: Interest in Community)이란 무엇일까요?

자신이 속한 공동체에 관심을 가지고 구성원들과 함께 공동체에 유익한 도움을 주려는 협력적 태도를 뜻합니다. 자신이 속한 공동체에서 다른 사람들과 마음과 힘을 합치고, 사회에 유용한 도움이 되고 의미있는 행동을 하려는 태도로 '일과 여가'의 인생과제가 지향하는 사회적 관심이라고 할 수 있습니다(김영아, 2018).

‘일과 여가(Work & Leisure)’의 인생과제의 소개 (Sweeney, 1998)
- 일: 사회에 유용한 일, 개인 및 타인 모두에게 의미 있는 활동에 종사하게 하는 무수한 활동 - 여가: 일에서 얻는 모든 만족을 보완하는 것으로 가능한 내적인 만족을 위해 스스로 결정한 활동과 경험, 자신을 몰입하게 하는 활동

영화 인사이드 아웃(2015, 2020)을 본 적이 있나요? 다양한 감정 구성원들이 주인공(라일리)의 행복이라는 공동의 목표를 가지고 그 안에서 공동체로 소속되어 움직이면서 각자의 특성대로 자신의 역할을 수행합니다. 그 과정에서 서로 중요하다고 생각하는 가치와 문제해결 방법들이 다르기 때문에 서로 갈등하고 다툼도 일어납니다. 그러나 공동의 목표는 “라일리”이기 때문에 나름대로 협력하면서 서로가 서로에게 기여하고 주어진 문제를 해결해 나갑니다.

우리 내면도 하나의 공동체로 생각해 보면, 자신의 행복한 삶? 건강한 삶? 즐거운 삶? 여유로운 삶? 등의 목표를 위해 신체, 감정, 의지, 행동 등의 다양한 구성원들이 움직이고 있을 겁니다.

삶이 사랑을 만날 때(사회적 관심 향상 집단상담)	
5회기	공동체 관심 I
활동	소속감 체험하기

1. 내 안의 소속감(감정)

“모르겠어요. 상담을 받고 더 나빠진 것 같아요.”

상담을 마치고 나오려는데, 내담자가 이렇게 말을 하네요.

뭔가 크게 실수한 것 같은 느낌이 확 들면서 초보 상담자로서 복잡한 감정이 올라옵니다.

이 상황을 어떻게 해결할지 그리고 그 때에 느껴질 수 있는 각 감정을 떠올려 보고, 각 감정들의 역할은 무엇인지 이야기 나누어 보세요.

(당황이, 기쁨이, 슬픔이, 따분이, 부럽이, 소심이, 불안이, 버럭이 등)

정민 라포가 생겼다고 믿은 내담자가 어느 순간 "모르겠어요. 상담을 받고 더 나빠진 것 같아요."라는 말을 내뱉는다면... 으아아아!!! 생각만 해도 억장이 와르르 무너져요.

하지만 사실 저는 이 문장을 들어 본 적이 있는 걸요? 피하고 싶었는데 피할 수가 없었어요(진짜 통곡의 장). 그저 그 문장이 제 귀에 들려오는 것을 있는 그대로 겪었어야만 했답니다.

그런데 상담자의 정체성을 뒤흔들어 놓는 문장은 상담자에게 어떤 영향을 끼칠까요? 어떤 감정들이 올라올지 상상해 보신 적이 있나요?

번호	감정의 종류	현재 상황에서 각 감정은 어떤 생각을 하고 있나요?	각 감정의 역할은 무엇일까요?
1	*까칠*	*'얘들이 뭐라는 거야. 나는 최선을 다했었던 것 같다고!'*	*자기객관화와 보호*
2	*절망*	*'내가 상담자라고 말할 수 있을까? 더 이상 상담을 할 수 없을 것 같아.'*	*새로운 시각으로 세상을 바라보기*
3	*불안*	*'내가 잘못했지. 내담자가 잘못되면 어떡해...'*	*상황에 대한 객관적 판단*
4	*슬픔*	*'내담자가 공감받지 못했다고 느꼈겠지? 외면당했다고 느낄까?'*	*단전에서 올라오는 깊은 공감*
5	*기쁨*	*'어우 내 기법이 뭔가 효과를 보나!'*	*새로운 가능성을 보게 해주기*
감정 구성원들이 논의한 최종 합의안은 무엇인가요?			
각 감정이 어떤 역할을 하는지 살펴보고, 감정이 제기능을 할 수 있도록 노력하되 최선의 조율안을 찾기			

정민 감정은 생존과 직결되는 중요한 작용을 해요. 감정은 24시간이 모자라도록(오 베베) 멈추지 않고 계속 나타났다 사라지기를 반복해요. 하지만 소홀히 해도 되는 감정은 없지요. 모두 어떤 기능, 역할을 담당하고 있어요!

'상담에서 제가 잘못된 걸 증명하는 거 같아요. 상담 때문에 더 나빠지고 있어요.'라는 내담자의 발언은 제 심장을 할퀴고 지나갔어요. 그때의 멘탈 붕괴는 정말 여파가 컸어요. 그 당시에는 죄책감이 가장 컸던 것 같은데, 이번 활동 안에서 저는 있는 까칠, 없는 까칠을 다 부릴 수 있어서 재밌었어요. 후련하기도 했습니다.

앞으로 비슷한 이야기를 듣게 되더라도 잔잔한 호수에 거대한 돌덩어리가 던져진 것 같은 감정의 동요가 있을 거예요. 분명히. 내담자의 발언을 듣고 꽤나 오랫동안 죄책감만이 허락된 유일한 감정이라고 생각했어요.

돌이켜보면 감정들은 자신들의 역할을 다하며 저를 멘붕 상태에서 구해주려고 했던 것 같은데, 오히려 제가 기회를 주지 않은 셈이죠. 저마다 자기 주장을 열심히 하던 감정들의 이야기를 살펴보려 했다면 제 회복 속도가 더 빨랐을 거예요.

2. 소속감의 의미

이 활동을 통해 알게 된, "소속감"의 의미는 무엇인지, 어떤 느낌인지 서로 이야기 나눠 보세요.

'나'라는 한 사람도 하나의 사회, 하나의 공동체입니다. 영화 '인사이드아웃'(2015)처럼 말입니다.

각 감정들은 서로 갈등과 이해의 과정을 거치며 주인공의 삶을 잘 돕기 위해 협력하고 각자가 할 수 있는 부분을 기여해요.

정민

소속감을 느낄 수 있으려면 어떤 것들이 필요한지 생각해 보게 되는 것 같아요. 구성원들의 적극성, 참여도, 이해도도 있어야 하는 거 같고요. 무엇보다 서로에 대한 관심이 기반되어 있을 때 소속감도 생길 수 있을 것 같네요.

소속감은 사회 구성원으로서의 자신의 정체성을 구성하는 데 꼭 필요한 느낌이죠. 코로나19를 겪으며 사회적 연결감, 소속감이 한차례 무너졌었고, 학교로 복귀하는 시점에 학생들은 소속감을 느끼기 어려웠었어요.

어느 내담자의 말이 떠올라요. "저에게는 학생증이 아무 의미가 없어요. 학교 도서관 프리패스 이용권을 받은 기분이에요."

짧지만 깊은 만남이 이루어지는 집단상담에서도 소속감은 집단원들이 자신의 행동범위를 정하게 하죠. 어떤 것을 할 수 있고, 하기 어려웠을지요.

저의 경우에는 이번 집단상담에서 코리더 역할을 맡아 부담감이 많았어요. 그래서 '얍!'하고 기합이 들어간 채로 집단에 임하게 됐죠. 그래서 자의식이 높았고, 평소라면 편하게 했을 말도 '합!'하고 먹어버렸던 것 같아요. 활동을 빨리 진행해야 한다는 조급함, 나름 선배 상담자의 면모를 보여줘야 한다는 책임감의 무게로 내 거인 듯 아닌, 나의 모습이 많았던 것 같아요.

슬기

감정 역할 활동할 때, 첫 번째 집단에서는 따분이로 두 번째 집단에서는 버럭이로 활약했어요. '내 감정으로 어떻게 기여하면 공동체 갈등이 관리가 될까?' 관점으로 감정에 충실해 봤는데.. 느낀 점은, 감정들끼리 영향을 주고받는 걸 체험했어요. 마치 뉴턴의 작용-반작용 법칙처럼 말이죠.

따분이로 아주 귀찮아하는 상황에서 불안이 마음이 어떤지 그의 얘기를 들으니 행동해야 할 것 같고, 저의 행동이 의미가 있을 것 같아서 귀찮음이 싸~악! 내려가는 거예요!!! 이래서 긍정적이든 부정적이든 모든 감정이 다 각자의 기능이 있다고 얘기하는구나 느꼈습니다.

우리가 이끌어낸 해결 방안은 혼자 만들어낸 결과물이 아니라, 다양한 감정의 상호작용으로 만들어진 힘이구나. 역시 서로가 서로에게 필요하네~ 알게 된 활동이었습니다.

3. 집단에서의 소속감

지금까지 활동을 하면서 우리 집단에서 무언가 하고 싶었으나 할 수 없었던 것이 있었다면, 그 이유는 무엇인가요?
이런 말을 해도 될지 걱정됐어요. 내 말이 받아들여질까? 공감 받을 수 있을까 두려웠어요. 그리고 걱정했죠. *나는 여기서 튀면 안돼, 나의 역할에 충실해야지.*
혹은 반대로, 우리 집단에서 자연스럽게 자신을 표현하는데 괜찮았다면, 그 이유는 무엇인가요?
등장하는 개념들이 나만 어렵게 느껴지는 건 아니라서, 아무 말을 던질 수 있었던 것 같아요. 오히려 그 과정에서 각 개념들이 나에게는 어떤 의미로 다가오는지 생각해 볼 수 있었어요.

5회기 후, 함께 들으면 좋은 노래

숲 / 최유리

내 마음 안에
숲이라는 넓은 공간을 만들어,
많은 것들을 가득히
품어보면 어떨까요?

내 안에 가득한 사랑이 결코 마르지 않는 호수되어
모든 이들이 마시고 쉴 수 있는 깊고 너른 인간이 되길
– 배우 김태리

숲은 정말 많은 존재가 서로 영향을 주며 이루어져있죠.
저의 복잡한 마음처럼요.

07

[6회기]

공동체 관심: 연결감

[6회기]

07 공동체 관심: 연결감

공동체에 대한 소속감과 관련하여 이야기를 나누어 보았는데, 어떠셨나요? 이번 회기에는 공동체 안의 또 다른 특징인 연결감에 대해 서로 이야기해보려고 합니다. 연대감이라고도 볼 수 있어요.

그런데 여기서 혹시 공동체라는 단어가 부담스럽지는 않으신가요? 연대감을 가지고, 연결감이 있다는 말이 개인이 침범받는 것 같은 껄끄러움이 들진 않나요? 뭔가 전체를 위해 내가 희생이 되어야 할 것 같은 느낌은요? 특히, 우리나라에서는 집단주의를 강조하는 사회의 암묵적 분위기도 느끼지 않나요?

헨리 나우웬이라는 신학자이자 영성활동가가 있습니다. 그는 공동체와 관련된 저서를 많이 발표했습니다.

그가 말하는 공동체란, 수용과 친밀함, 각자의 연약한 모습이나 본연의 영성이 그대로 드러나는, 그저 부족한 사람들의 연대라고 말합니다. 서로를 돌보며 즐거워하는 곳이자, 서로의 상처와 약점을 드러내는 자리, 용서를 받고 베푸는 사랑의 집이라고도 표현합니다(Nouwen, 2021). 공동체란 서로가 서로를 돌보는 곳이지, 누군가의 일방적인 희생으로 돌아가는 곳이 아닌 겁니다. 서로를 사람 대 사람으로 대하고, 미소로 만나고, 나의 존재가 안전하게 받아들여질 수 있는 곳입니다.

필요할 때 느슨하게 만났다가 헤어지는, 공동의 합의된 목표를 위해 연결되고, 각자가 할 수 있는 행동으로 기여하고 협력하는 그런 공동체 말입니다.

여러분에게는 그런 공동체가 있나요? 상담자인 우리는 한 사람의 내담자를 돕기 위해 서로가 서로에게 그런 공동체가 되어주면 좋지 않을까요?

주기적인 사례회의를 하고, 위기 상황이 생겼을 땐 각자의 역할을 나누어 협력하고, 내담자가 적절한 도움을 받을 수 있도록 필요한 기관으로 연계하는 등의 노력은 어떤가요? 어떤 유형의 조직에 소속되어 '상담자'라는 직업인으로 일하고 싶은지 한번 생각해보면 좋겠습니다.

정민: 내담자의 복지를 최우선으로 하는, 그러나 상담자를 소외시키지 않는. 누구라도 약한 모습을 보여도 괜찮은 그런 곳이요.

슬기: 나답게 일하는 사람으로 있을 수 있는, 태도로 신뢰를 주는, 리더십이 있는, 사람을 돕고 '해'를 최소화 하는 윤리적인 조직에서 일해야 저도 내담자도 안전할 것 같아요.

삶이 사랑을 만날 때(사회적 관심 향상 집단상담)	
6회기	공동체 관심 II
활동	연결감 체험하기

1. 구성원 간 갈등상황 해결하기

소속된 기관에서 다양한 구성원 간에 흔히 일어날 수 있는 갈등 상황을 하나 논의하여 선정해 보세요. (예: 수련상담자, 행정 직원, 책임자, 소장, 상근 상담자 등) 그리고 구성원별로 입장을 나누어, 그 입장에 대해 대변하면서 해결방안에 대해 합의점을 찾아 보세요.	
구성원1	*완벽한 방법은 없어도 최선의 방법은 존재해요. 우리의 삶이 그랬듯 우리는 갈등 해결의 방법을 찾아낼 겁니다!*
구성원2	
구성원3	
구성원4	
구성원5	

정민 소속감이든 연대감이든 연결감은 사실 눈에 보이지 않잖아요. 눈에 보이지 않는 것들을 체험하고 언어로 표현하는 것은 어려운 일이라고 생각해요. 그래서 연대감이란 표현보다는 연결감이라는 단어가 저에게는 좀 더 와닿아요.

'다른 사람과 연결-------------되어 있다!'라는 건 생소하지만 자연스러운 현상! 그렇지만 일상에서 매번 연결되어 있을 수는 없는데... 이럴 땐 어떻게 하는 게 맞는 건지 헷갈리쥬.

수련 받거나 일하는 상황에서 내 코가 석자이고, 한치 앞도 보이지 않아 하루하루 간신히 헤쳐 나가는 상황이라면 구성원 간의 갈등이 와닿을까요?

거슬리는 장애물로 느껴지지는 않을지, 갈등 상황을 외면해버릴 수도 있고요. 적당히 참여하는 척하며 방관자로 남을 수도 있을 거예요. 정답은 없고 명확한 선과 악이 존재하는 것은 아니지만, 갈등이 원만히 해결되지 않는다면 분명 크게 상처받는 사람이 있겠어요.

2. 가상의 갈등 상황에 대해 합의안 도출하기

다음의 가상 상황에서 역할을 나누어 각자의 입장에서 떠올릴 수 있는 "최악의 생각"과 반대로 서로를 이해한다고 했을 때의 "최선의 생각"에 대해 작성해보세요.

서로의 상황을 고려하여, 각 구성원 모두가 각자의 위치에서 할 수 있는 일을 이야기하고 문제를 해결해보세요.

1) 유진 수련상담자의 이야기
종종 죽고 싶다는 생각을 한다는 내담자를 배정받았다. 접수면접지를 읽고 부담이 가서 책임자에게 어려움을 먼저 말했다. 책임자는 수퍼비전을 받으며 진행하면 괜찮을 것 같다고 격려했다. 내담자와 2회기를 만나고, 생각보다 깊은 자살충동이 있어 보여 덜컥 겁이 났다. 이 사례를 어떻게 하면 좋을지 책임자에게 질문한다.

최악의 생각	*내가 상담한다면 내담자가 잘못될 지도 몰라*
최선의 생각	*어떤 부분이 겁이 났는지 사람들과 이야기해보자*
할 수 있는 일	*되도록이면 내담자와 책임자와 잘 이야기해서 리퍼도 생각해보자*

정민 집단원들은 유진 수련상담자의 이야기가 더 끌리는 듯했어요. 수련하는 동안 갑자기 닥칠 수 있는 일이기도 했고요. 사례가 스크리닝되어 수련상담자에게 배정이 되기는 하겠지만서도, 수련상담자에게는 특히 더 자살 사고가 있는 내담자를 만난다는 건 참 부담스러운 일이거든요.

어? 근데, 말하다 보니 저는 왜 자꾸 화가 나죠?

(아아아아아아아아아!!!!)

어찌 보면 불안이 너무 많고, 어찌 보면 용감한 유진 수련상담자는 책임상담자를 무려 두 번이나 찾아갑니다. 혼자 끙끙대며 함부로 판단하고 결정하지 않은 유진 수련상담자가 멋지다고 생각해요.

'그래! 내가 다루기 어려운 건 자연스럽게 넘기고 할 수 있는 것만 하자!'라며 눈앞에 닥친 상황을 모면하려고 한 게 아니잖아요. ㅠ.ㅠ

유진 수련상담자는 너무 어려운 부분이 무엇인지 알아차렸고 도움을 요청했죠! 그리고 그 어려운 부분이 내담자의 생명과 복지와 연결되어 있으니 할 수 있는 것은 다 해 본 것 같은데요. 하지만 책임자도 그렇게 생각할까요?

2) 책임자의 이야기

사례의 전반적 자료를 확인했을 때도, 유진 상담자가 2회기를 만나고 난 이후의 얘기를 들어도 '이 정도도 못하면 어떡하지?'라는 생각이 들고 유진의 이야기가 와닿지 않는다. 유진 상담자가 불안이 많아 겁을 너무 먹은 것 같다는 느낌을 받는다.

최악의 생각	*수련상담자가 수련이 힘들어 그만두려나?*
최선의 생각	*어떤 점이 힘든지 자세히 물어보자!*
할 수 있는 일	*사례지도와 수련상담자 면담*

정민 제가 전임상담자로 근무하면서 대학의 학생상담센터가 어떻게 운

영되는지 그제서야 이해할 수 있었어요. 풀타임 근무를 하는 상담자들은 많은 행정 업무와 상담센터의 대소사를 담당해야 하죠. '상담' 자체에만 몰두할 수 있는 구조는 현실적으로 불가능해요. (뭔가 잘못됐죠 그쵸)

특히 책임상담자는 정-말 많은 걸 책임져야 합니다. 수련상담자의 주수퍼바이저는 아니지만 수련상담자가 근무하는 동안을 책임져야 하죠. 여간 부담스럽고 힘든 자리가 아닐까 싶어요. (급하게 쉴드를 쳐봤어요. 전임상담자로서.)

그런데 스크리닝하여 전달한 사례에 대해 수련상담자가 못하겠다고 찡얼거려요! 아우~ 짜증나겠죠? 경험 많은 수퍼바이저로서 센터의 상황을 고려하여 배정한 건데, 앞으로 상담하겠다는 사람이 이렇게 겁을 먹으면 누구를 상담할 수 있을까?라며 답답할 거 같아요. 자살보고를 하지 않은 내담자라고 더 상담하기가 쉽거나 안전한 상황은 아닐 수 있는 건데. 책임상담자의 속은 타들어 가요... . .. 타닥타다닥.

상담 경력에 따라 집단원들의 반응이 조금 다르지만 전체적인 매락은 비슷했어요. 1년 수련 경험이 있는 첫번째 집단원들과 이제 막 수련을 시작한 두번째 집단원들은 대체로 유진 수련상담자의 이야기가 이해되지만, 그래도 책임자의 말을 더 신뢰하는 것처럼 보였습니다.

사실 이제와 말하지만 저에겐 이런 반응들이 약간 충격이었어요. '못하겠다는 건 없어. 책임선생님이 말씀하신 데에는 다 이유가 있겠지. 해내야 해! 내가 내담자를 잘 만나보자!'라는 느낌을 받았어요. 물론, 제가 위험회피가 높아서 그럴 수 있습니다. (실제로 제 TCI 기질 유형은 HHH이죠. 내면적 갈등이 정말 많은 사람이에요.) 그리고 수련상담자라는 자리가 위험프리패스 자리는 아니지요. 이때야말로 수퍼비전 받으며 여러 사례 경험들을 해보면 좋으련만.

근데! 아니! 솔직히!

내담자를 만나는 건 수련상담자잖아요. 그 상담자가 못하겠다고 하는 거잖아요. 아무말 하지 않고 있다가 내담자가 더 위험천만해지는 것보다는 못하겠다고 하는 게 더 낫지 않나라는 생각이 여전히 떠올라요.

제 흥분을 가라 앉히기가 어려운데요. 유진 수련상담자의 마음이 이랬을까? 라는 생각이 갑자기 듭니다!

3) 동료 수련상담자의 이야기 **유진 상담자의 이야기가 이해되고, 책임자의 이야기도 이해된다. 하지만 징징대는 것 같은 유진도, 유진의 이야기를 공감해주지 않는 듯한 책임자의 태도도 불편하다.**	
최악의 생각	*나도 저렇게 위험천만한 사례를 맡게 되는 거 아닐까? 조용히 있어야겠다.*
최선의 생각	*유진 상담자의 이야기를 내가 좀 더 물어보자. 어떤 게 힘들어서 포기하고 싶었는지 물어보자.*
할 수 있는 일	*유진 상담자의 현재 심리적 어려움을 파악해 보기*

4) 전임 상담자의 이야기 **책임자가 위기도 평가를 적절히 수행하지 않은 것 같은 느낌을 받는다. '나라면 저렇게 하지 않고 내가 그 사례를 할텐데'라고 생각한다. 유진의 사례에 대해 안일한 태도를 보이는 책임자의 모습이 탐탁치 않다.**	
최악의 생각	*내담자의 상황이 악화되고 부모님이 오고 학교가 난리가 나고, 유진 상담자는 상처가 커서 상담을 그만 둘 수도 있다.*
최선의 생각	*각자의 사정과 이유가 있을 것이다. 지금 센터에 자살 사고를 가진 사례밖에 없다면, 현실에 맞는 사례들을 배워야 한다.*
할 수 있는 일	*유진 상담자의 어려움을 구체화하여 도움을 줄 수 있는 부분을 살펴보기*

정민 공동체에 쏘아올려진 공의 여파는 커요. 그 공을 누가 책임질 것인가. 다들 떠오른 공을 바라보기만 할 것인가. 아니면 누군가는 적극적으로 나서서 공의 생김새를 파악하고 그 다음 스텝으로 넘어갈 것인가. 공을 쏘아올린 당사자만 전전긍긍할 것인가.

집단원들은 전임상담자의 이야기는 더욱이 잘 다루지 않았습니다. 마치 그런 의견은 보지 못했던 것처럼 외면하는 느낌이었어요. '책임자의 사례 평가'에 대해 의문을 가지는 것이 가능한지 생각해 본 적이 없는 것 같았어요.

분명 수련 지도를 담당하는 수퍼바이저를 믿고 따르는 것은 필요한 일입니다. 하지만 도움을 요청한 것에 대해 거절을 한다면 이야기는 달라져요.

사례를 맡고 있는 상담자 뿐만 아니라 내담자의 권익을 위한 것이 맞는지 생각해 볼 필요가 있어요. 지금의 예시처럼 경험이 쌓인 상담자는 동료 상담자의 사례 운영에 대해 보는 눈이 생겨요(진짜예요). 그 동료 상담자가 선배 상담자일지라도요.

그런데요 선생님들, 이 갈등 상황을 해결하는 과정에서 어떤 점이 가장 '내담자에게 이로울지' 생각해보신 적 있나요?

이 부분을 콕 찝는 리더의 말에 다들 웅성웅성.

6회기 후, 함께 들으면 좋은 노래

민들레 / 우효

서로 기대어
눈물을 함께 닦아요.
함께 사랑을 말해 볼까요?

사랑이 뭐 어렵나요.
같은 곳을 바라보는 게
사랑이죠.

나의 속상한 마음을 누군가에게 보여주는 것은
쉬운 일이 아니에요, 저는.
또 슬픔에 빠진 사람을 위로하고 공감하는 것도
어려워요, 저는.
이건 정말 사랑 같아요, 저는.

08

[7회기]

영성 관심

[7회기]

08 영성 관심

사회적 관심의 마지막 요인으로 '영성 관심'에 대해 알아보겠습니다. 먼저 이 말은 어떻게 생각하나요?

정민 영성이라닛! 전 영성관심으로 주제가 전환될 때의 우리 집단의 고요함을 기억해요. 부끄럽게도 저는 TCI검사의 '영성수용' 요인을 아직 제대로 설명할 자신이 없어요 ㅠㅠ 우리 만물1급박사님이 설명해주실 거예요.

영성이라는 말을 듣는 순간, "어쩌라는 거지?"라는 마음은 들지 않나요? 와닿지 않는 너무 모호한 이야기를 한다는 생각이 들 수도 있습니다. 반대로 누군가에게는 아주 친근한 표현일 수도 있고요.

정민 영성에 대해서 덜 고민했을 때, 오히려 영성이 무엇인지 알았던 것 같은 희미한 기억이 있답니다. 영성을 검색해보고, TCI검사가 말하는 '영성'과 아들러가 말하는 '영성'과 리더가 말하는 '영성'을 조합하다 보면... 요인분석처럼 하나의 요인으로 묶여질 것 같으면서도 다시 제자리로 돌아와요.

영성 관심(IS: Interest in Spirituality)이란 무엇일까요?

자신이 속한 공동체를 넘어 사회에 기여하려는 이타적인 태도를 의미합니다. 이는 세상에 대한 희망을 가지고, 자신이 속한 공동체를 넘어 이타적인 활동을 지향하는 것으로 보다 확장된 공동체감을 느끼는 것이며, '영성'의 인생과제가 지향하는 사회적 관심입니다(김영아, 2018).

'영성(Spirituality)'의 인생과제의 소개 (Sweeney, 1998)

- 개인의 정신건강, 심리적 안녕의 핵심
- 신학, 종교와는 구별된다는 점에서 보다 보편적이고 포괄적이면서도 개인적인 개념
- 종교나 개인이 성장한 문화를 초월하여 전체적인 복지 향상에 기여하도록 하는 힘
- 희망, 낙관, 삶의 목적, 안전감, 기도를 통한 효과, 가정과 지역사회와의 관계, 이타적 활동 등을 포함

실제로 영성은 그 정의에서부터 생각해볼 것이 많이 있습니다. 인간의 영성(spirituality)에 대한 개념은 기본적으로 철학이나 신학과 같은 학문에서 종교성, 자아초월 등의 개념과 함께 발전해왔습니다.

다양한 연령의 사람들을 만나 인터뷰하며, 영성에 대해 오랜 기간 연구한 파울러(Fowler)라는 신학자가 있습니다. 그의 영성(faith)은 신앙의 개념에 가깝지만 이를 종교적인 개념에만 국한시키지 않고, 모든 인간에게 적용될 수 있는 포괄적이고, 보편적인 개념으로 정의했습니다(Fowler, 1987).

Fowler(1987)는 영성을 "인간이 한 사회 속에서 평생 동안 성장하면서 삶의 목적을 이해하고 실현하려는 태도, 능동적이고 적극적인 앎의 형태, 참여의 형태"와 같은 것이라고 보았습니다.

우리가 어떤 동기와 목표를 가지고 자신의 삶에 투자하고 있는지, 어떤 힘을 신뢰하고 의지하며 사는지, 자신이 가진 희망과 목적들은 무엇인지, 바로 이러한 것을 성찰하고 고민하는 과정이야말로 영성의 힘이고, 삶의 장으로 나아가는 하나의 방법이라는 것입니다.

정민 삶의 의미, 궁극적인 목적의식 함양 등의 요인으로 불릴 수도 있지 않을까요? ~_~? 영성이라는 단어는 곱씹어도 와닿지가 않군요. 제게는 종교적 영성 의미가 더 강해서 그런 것일 수도 있겠어요. 다 초월해야만 할 것 같그등요.

이런 것은 모두 상징과 이미지로 구성됩니다. 우리는 태어나 보고, 듣고, 만지고, 느끼면서 세상의 많은 상징과 이미지들을 배워가요. '상징'은 어떤 모양이나 소리가 특별한 뜻을 가지는 것을 말합니다. 신호등 빨간불을 보면 건너지 않는다는 신호를 알게 되는 것처럼 말입니다. '이미지'는 어떤 말을 들으면 그 모습이 머릿속으로 떠오르는 것을 말합니다. "야옹야옹"을 들으면 고양이 이미지가 생각나는 겁니다. 이처럼 영성에서는 자연적으로 발생하는 상징과 이미지들을 우리가 어떻게 체험하는지를 중요하게 보았습니다.

이런 과정을 통해 Fowler는 영성은 발달한다고 보았습니다. 영성의 발달 과정을 인지, 도덕성, 성격 발달이론들의 입장과 함께 기술하여 자신의 이론을 더욱 강조하기도 했습니다. 그렇기 때문에 영성은 인간이라면 누구나 가지고 있는 인간 본연의 고유한 특성이라고 주장합니다.

Fowler(1987)가 소개한 Piaget의 인지발달단계, Erikson의 성격발달단계, Kohlberg의 도덕성 발달단계와 맞물려 있는 영성발달단계(Fowler)를 함께 안내하니, 영성에 더 관심있는 사람들은 그 이론을 면밀하게 공부하면 좋겠습니다. 저는 간단하게 각 인간발달이론 간의 비표현황을 정리하여 소개해봅니다.

표 • 인간발달이론 간의 비교

(참고: Fowler, 1987)

구분 (연령)	Piaget 인지발달이론	Erikson 성격발달이론	Kohlberg 도덕성발달이론	Fowler 영성발달이론
영아기 (0-2)	감각 운동기	신뢰감 vs 불신감 (희망)		미분화된 영성
유아기 (2-6)	전조작기 또는 직관적 조작기	자율성 vs 수치감 (의지) 주도성 vs 죄책감 (목적)	1) 전관습적단계 (인습이전 수준) ① 타율적 도덕성	1단계 직관적-투사적 영성
아동기 (7-12)	구체적 조작기	근면성 vs 열등감 (능력)	② 도구적 교환	2단계 신화적-문자적 영성
청소년기 (13-21)	형식적 조작기	정체성 vs 역할혼돈 (충성, 우정)	2) 관습적 단계 (인습적 수준) ① 상호의존적 관계	3단계 종합적-인습적 영성
청년기 (21-35)		친밀감 vs 소외감 (사랑)	② 사회조직과 양심	4단계 개별적-반성적 영성
장년기 (35-60)		생산성 vs 침체성 (관심, 돌봄)	③ 사회계약과 개인의 권리	5단계 결합적 영성
노년기 (60이후)		통합성 vs 절망감 (지혜)	④ 보편적 윤리의 원리	6단계 보편화된 영성

발달이론들은 단계의 출현이 인간발달의 여러 면에 영향을 주는 것으로 보았습니다. 물론 그것이 뚜렷하게 각 연령을 대표하는 것은 아닙니다. 다만, 선행하는 단계를 거치지 않고 다음 단계로 넘어가는 것은 가능하지 않다는 입장입니다.

영성도 발달한다는 관점에서 생각해보면, 우리 자신은 한 인간으로서 진정한 자아와 만나고, 타인에게로 관심을 펼쳐나가며, 그러한 관심이 사회로도 확대되는, 즉 상호적인 '관계'에 바탕을 두고 자아-타인-사회로 관심이 성장해가는 것으로 생각해볼 수 있습니다.

영성으로 가는 길은 결국 자아를 넘고, 타인을 넘어서 최종적으로 관계 맺는 대상은 사회라고 할 수 있습니다. 그렇다고 해서 자아와 타인을 넘어선다는 것이 이를 배척한다는 의미는 아닙니다. 그저 인간은 누구나 자신이 속한 사회에 살고 있고, 현재의 사회는 점차 세계적이고 범지구적인 형태로 나아가고 있을 뿐입니다. 모두 함께 공존한다는 의미에서의 관심으로 생각해야 할 것입니다. 결국 이러한 의미에서 영성도 사회적 관심의 모습을 띤다고 할 수 있습니다.

영성도 발달하기 때문에 영성에 대한 관심이나 발달을 단기간에 이루려 하거나 특정 연령에서 모두 이루어지는 것으로 생각할 수는 없습니다. 영성발달은 평생 동안 수련해야 할 자기수행의 과정과도 같습니다(김연희, 2010).

그렇기 때문에 많은 학자들은 영성이 우리에게 인생의 큰 흐름으로 존재하는 방향성, 삶의 의미나 목적의 모습으로 존재한다고 말해주고 있습니다. 즉, 자신과 타인과의 관계에 관심을 가지고, 우리가 사회 구성원으로서 무엇을 할 수 있는지에 대한 고민을 성찰해보도록 스스로에게 넓은 장을 제공해주어야 한다는 것입니다.

정민 아하! 그렇군요. 평생 발달 개념으로 가져간다면, 아직 조급해하지 않아도 되겠어요. 저는 '개별적-반성적 단계'에 해당하는데, 반성을 많이 해서 탈인 것 같아요. 조금 더 정진하다보면, 내담자와 동료 선생님들에게 '영성'이 무엇인지 대략적으로 설명은 할 수 있을 거 같네요.

영성이 저와 동떨어진 무언가가 아니군요?! 잘 떠오르는 건 없지만 사회 구성원으로 사회에 협력하고 기여하는 활동을 제가 한번이라도 하지 않았을까요? ㅎㅎㅎㅎ 예를 들면 음식 쓰레기 만들지 않기~ 라든지. ㅎㅎ 근데 그에 반하는 활동은 여러 개가 떠오르긴 하네요. 그게 무엇인지는 노코멘트하겠습니다. 오늘부터 좀 어떤 걸 할 수 있을까 하루에 하나씩 찾아봐야겠어요.

슬기

삶이 사랑을 만날 때(사회적 관심 향상 집단상담)	
7회기	영성 관심
활동	영성으로 가는 길

1. 영성에 대해 생각해보기

주어진 글을 함께 읽거나 영상을 보고, "영성"으로 나아가는 길이란 과연 무엇인지 이야기 나누어 보세요.

과거-현재-미래의 나를 무조건적으로 존중하고,
그런 우리들을 솔직하게 대하며,
공감적 이해를 표현하기.
그리고 다른 사람에게도
그렇게 소중하게 대하기.

영성은 저희 팀에게도 매우 어려운 주제였습니다. 우리의 영성이 내면에서 끊임없이 움직이고 있기를 바랄 뿐이었습니다. 중요한 것은 사회적 관심처럼, 앞으로 우리가 상담자라는 정체성을 가지고 살아가면서 영성이라는 주제에 대해 관심을 가지고, 이를 지향하는 삶의 방향으로 살아가 보자는 것입니다.

우리는 집단에서 수학자 허준이 교수의 졸업식 축사(6분) 전체를 함께 영상으로 보고, 또 축사 전문을 눈으로 읽으면서 영상에 대한 소감, 이 축사가 왜 '영성으로 가는 길'에 도움이 될지 등에 대해 이야기를 나누어 보았습니다. 인터넷 검색을 통해 쉽게 찾아볼 수 있으니 관심 있는 분들은 한번 접해보시면 좋겠습니다.

2. 현재에 집중하기

호흡 명상, 싱잉볼 명상 등의 명상 종류를 골라 3~5분 정도 함께 현재에 집중하는 시간을 가지고, 지금-여기에 집중하는 것, 자신의 상태에 대한 알아차림 등이 영성으로 가는 길에 어떤 관련이 있는지 이야기 나누어 보세요.

현재에 집중하는 삶은 영성과 어떤 관련이 있을까요? 삶의 의미나 목적을 이야기하면서 현재의 나를 알아차리는 활동들은 왜 하게 되는 걸까요? 최근 심리상담의 흐름도 마음챙김, 알아차림 등과 관련된 내용이 다수를 이룹니다.

이것이 우리의 삶에 어떤 영향을 주는 것일지 간단한 집중 활동을 통해 체험해보고 서로 이야기 나누어 보면 좋겠습니다.

이러한 연습을 위해, 실존주의 상담자 Yalom(2012)은 자신의 저서 '나는 사랑의 처형자가 되기 싫다'에서 다음과 같이 내담자에게 안내하는 말을 하기도 합니다.

"자신의 호흡에 정신을 집중하세요.
우선 숨을 깊고 빠르게 쉬십시오.
자, 이제 천천히 숨을 쉬세요.
다른 모든 것은 무시하고 호흡에만 초점을 맞추세요.
당신의 코로 들어가는 공기는 언제나 나오는 공기보다
시원하다는 것에 집중하세요.
숨을 천천히 쉬면,
밖으로 나오는 공기가 훨씬 따뜻하다는 것을
곧 알 수 있답니다."

슬기

저는 방울토마토를 먹으며 현재에 집중해 봤어요.
방울토마토를 깨물 때 터져나오는 과즙과 달콘시큰한 맛 그리고 쌉사름한 향까지
잘 모르겠지만 영성은 아주 가까이 있는 것 같아요.

7회기 후, 함께 들으면 좋은 노래

Remember Me / 영화 〈코코〉 OST

영화 코코(2017)를 보았나요?

한 사람의 존재가 죽음으로 끝나지 않고
기억으로 이어지는 초월의 에너지를
아름답게 표현한 영화입니다.

존재로서의 사랑
눈에 보이지 않아도 연결되는 사랑
어려운 이야기이지만,
이런 주제들이 우리 마음을 풍성하게 하는 건,
무엇 때문일까요?

우주만물과의 일체감을 높여줍니다 :)

반려견 토토가 강아지 별에 가기 전까지
제 영성이 쑥쑥 자라면 좋겠네요. 옆에 실재하지 않아도 느낄 수 있게
(엄마 미안2 '치사랑'은 없다...)

09

[8회기]

사회적 관심 적용하기

09 [8회기]
사회적 관심 적용하기

이제 마지막 회기입니다!

집단상담을 통해 만나 본 '사회적 관심'은 어떠했나요?

우리는 개인심리학의 기본 인간관, 우리의 역할, 사회적 관심을 일상에 어떻게 적용할지 등에 대해 전체적으로 정리를 해보겠습니다.

알프레드 아들러(Alfred Adler, 1870-1937)는 오스트리아 빈 출신으로 유대인 가정에서 자랐습니다. 6형제 중 둘째였고, 구루병으로 인해 신체적 열등감이 있었다고 합니다. Adler 이론의 핵심 개념인 "열등감과 우월감"은 결국 그의 삶과도 맞닿아 있습니다. 수많은 사례들을 통해 이론을 쌓아가는 학자들 역시 자신의 이야기가 중요한 건 마찬가지입니다.

먼저 개인심리학의 기본 인간관에 대해 핵심적인 내용만 간단히 살펴보겠습니다.

표 • Adler 개인심리학의 인간관

- 인간은 부분적으로 나눌 수 있는 존재지만, 부분의 기능들은 총체적 인간을 형성한다.
- 모든 행동은 어떤 목적을 가지고 있고, 이 목적을 이루기 위해 인간은 움직인다.
- 과거는 역사적 중요성이 있지만, 인과적 관점에서 보면 그다지 중요한 것은 아니다.
- 인간은 반응적이라기보다 능동적이다. 원인의 결과로 보는 것이 아니라 판단과 가치관을 창조해내는 주체이다.
- 일상의 과제에 직면하지 않고 우회적으로 해결하려 하기 때문에 문제들이 생겨난다. (Corsini, 1991)

Adler 인간관을 보고 어떤 생각들이 드나요? 어떤 관점에 대해서는 의문과 궁금증이 들지 않나요?

정민: '총체적 인간'은 게슈탈트 이론이 말하는 전체의 합 이상이다라는 이야기가 떠오르고, '능동적 존재'는 로저스의 이론이 떠올라요. 시대를 망라하는 이론의 집합체 느낌! 그렇지만 개개인의 삶을 정말 사랑했다는 느낌! 이론을 일컫는 말에 '개인'이라는 글자를 붙일 만큼 개개인의 인간을 사랑했구나!

우리 집단에서는 이 내용에 대해 하나 하나 자세하게 나누지는 않습니다. 그저 이런 인간관들이 개인심리학 이론에서는 왜 나오게 되었을지, '나'는 어떻게 생각하는지 등에 대해 이야기나눌 뿐입니다. 더 자세하게 이론을 배우고 싶다면 스스로 여러 도서들을 공부해야 합니다.

또한 이러한 Adler의 인간관에 대해 영향을 받은 여러 이론가들이 있습니다.

표 • Adler의 영향을 받은 이론가들

Karen Horney (1885-1952) 정신분석학자/ 신경증 이론 창시	Fritz Perls (1893-1970) 게슈탈트치료 창시	Abraham Harold Maslow (1908-1970) 인본주의 심리학자	Eric Berne (1910-1970) 교류분석 창시 캐나다 정신과 의사
무의식보다 유년기 사건들이 성격에 끼친 영향이 크다는 것에 대해 영향받음 동료인 Adler와 함께 새로운 학파 형성	성격형성에 있어서 환경의 중요성에 대해 영향받음	성격형성에 있어서 환경의 중요성에 대해 영향받음	Adler의 생활양식 개념에 영향 받아 각본(개인의 가장 기본적이고 사적인 생활양식, 자기긍정-부정, 타인긍정-부정) 개념 형성

저는 Adler 이론을 공부하면서 연결되는 다양한 학자들의 이론도 공부하게 되었습니다. 학습이라는 과정은 참 신기하고, 재미있습니다. 그 중에서 Horney의 <내가 나를 치유한다: 신경증 극복과 인간다운 성장>라는 도서를 참 좋아합니다. Horney의 관점들은 개인심리학에서 강조하는 열등감, 우월감 콤플렉스와도 연결된다고 생각합니다.

> "삶에 대해 건강한 분투를 하는 사람은 배우고 해보고
> 차근차근 단계를 밟아서 얻는 과정에서 성장하지만,
> 신경증인 사람은 이런 과정에는 관심과 흥미가 없고,
> 오히려 이런 과정을 비웃는 경향이 있다.
> 신경증인 사람은 산에 오르기를 원하지 않지만,
> 정상에는 가고 싶어한다."
>
> (Horney, 1950)

그리고 Adler는 사회적 관심의 수준과 활동성의 수준에 따라 4가지의 생활양식(life-style)을 구분해 놓았습니다. 표를 통해 정리해 보겠습니다.

표 • 사회적 관심과 활동성 수준에 따른 생활양식

(참고: Adler, 1927)

유형	사회적 관심 수준	활동성 수준	생활양식
지배형	낮음	높음	• 복종 강요, 가부장적 가족문화, 통제나 지배하는 형태의 양육환경 • 스스로도 공격적, 주장적 방식으로 살아감
기생형	낮음	낮음	• 과잉보호하고 독립심이 결여되는 양육환경 • 기생적 방법으로 외부세계와 관계 맺고 타인에게 의존하여 요구를 충족함
회피형	낮음	낮음	• 과잉보호보다 기를 꺾거나 통제하는 형태의 양육환경 • 소극적, 부정적 태도로 어떤 시도도 하지 않고 불평함 • 기생형과 비슷하나 인생의 문제를 회피하여 자신이 실패할 가능성 자체를 모면하려는 특징
사회적 유용형	높음	높음	• 심리적으로 건강한 인간의 표본 • 자신의 욕구, 타인의 복지 모두에 기꺼이 협력하는 태도

Adler는 우리가 경험을 한다고 해서 늘 현명해지는 것은 아니라고 말합니다. 사람들은 자신의 경험에서 다양한 결론을 도출하는데, 대개 우리는 많은 경험 중에서 자기에게 유용한 것만 취한다고 보고 있습니다(Adler, 1928).

한 개인이 경험을 통해 어떤 잘못된 가정을 만들어내는지를 이해하기 위해서는 우리가 세상에 대해 가지는 편향된 지각인 '사적 논리(private logic)'가 있다는 것을 인정해야 합니다. 즉, 우리는 사실을 있는 그대로 보는 것이 아니라, 자신이 인식하는 대로 현실을 받아들입니다(Dreikurs 등, 1998).

이런 관점들이 어떻게 들리나요?

저는 개인심리학의 '사적 논리'라는 개념이 인지행동치료와 비슷한 관점이라 생각하고, 우리가 내리는 판단, 인지, 생각의 변화 등에 관심을 가지고 인지행동치료도 공부하게 되었습니다.

후대의 개인심리학자들은 사회적 관심의 미발달로 인해 생겨나는 잘못된 삶의 목표들(과도한 관심 끌기, 힘 겨루기, 보복하기, 무능함 보이기), 4가지 움직임 유형(다가서기, 저항하기, 물러나기, 양가적인)과 활동수준(수동-능동)에 따른 성격유형을 더 자세하게 구분하기도 했습니다(노안영 등, 2021; Dreikurs 등, 1998).

자, 그럼 우리 집단에서 첫 시간에 이야기한 사회적 관심의 의미에 대해 기억나나요?

사회적 관심(Social Interest)이란,

개인심리학의 일과 여가, 사랑, 우정, 자기지향, 영성의
5가지 인생과제에서
사회에 유용한 사람이 되고자 동기를 가지며,
타인에게 진정한 관심으로 협력하며,
공동체적 활동을 지향하여,
인류 전체의 복지를 실현하려는 삶의 태도

사회적 관심의 기본 개념을 직접 체험해보기 위해 여러 가지 활동을 했고, 생각해보는 시간을 가졌습니다. 개인심리학의 관점에서 본다면, 상담자인 우리의 역할은 다음과도 같을 겁니다.

상담자로서의 우리의 태도

우리의 임무는 내담자의 '절망감'을
유익한 일의 성취에 필요한 에너지로 결집하도록
이를 '희망'으로 바꾸는 것이다.
(Adler, 1927)

저는 실존주의 상담자인 Yalom의 책을 참 좋아하는데요. 상담자인 Yalom이 절망스러워하는 내담자에게 하는 말이 너무 좋아서 소개합니다.

"나와 함께 그 고통을 견뎌요, 앨리스.
전에 했던 단순한 질문을 다시 할게요.
죽음의 어떤 것이 당신을 그렇게 무섭게 만드나요?
그걸 찾아서 숫돌에 갈아버립시다." (Yalom, 2011)

누구나 살면서 절망감을 느낍니다. 혹시, "저는 살면서 절망을 해본 적이 없는데요?" 라고 말하는 사람이 있다면, 다양한 감정을 알아가도록 영화나 책으로라도 느껴보라고 말하고 싶습니다. 다들 아시다시피 상담자에게는 민감성 훈련이 아주 중요합니다.

살아가면서 경험하게 되는 많은 좌절들에서 우리는 절망감을 느낄 수 있습니다. 우울, 자살생각, 무기력, 희망 없음 등은 '남'에게만 해당하는 이야기가 아닙니다. 모두 '우리'의 경험입니다. 이를 어떻게 대하느냐가 중요할 뿐입니다.

우리 앞에 자신의 삶을 치열하게 고민하고 살아가다가 좌절하여 절망감을 느낀 한 사람이 앉아 있습니다. 그 때에 상담자인 우리가 할 일은 그의 삶에 대한 노고를 인정하고, 괴로움의 에너지가 자신에게 유익한 에너지로 쓰일 수 있도록 '함께' 이야기해 보는 것일 겁니다.

자, 그럼 활동으로 사회적 관심을 어떻게 적용할지 이야기나누어 볼까요?

삶이 사랑을 만날 때(사회적 관심 향상 집단상담)	
8회기	사회적 관심 정리
활동	사회적 관심 적용하기

1. 상담자로서의 사회적 관심 적용하기

처음 별칭으로 정한 상담자로서의 자신의 가치가 지금은 어떤 의미로 다가오는지, 사회적 관심과 연결하면 어떤 삶의 방향을 생각해볼 수 있는지 등을 이야기 나눠 보세요.
정민: *JOANNA BERTIGI! 상담학적 용어로 표현한다면 간직하기와 버텨주기를 적극적으로 실천할 때라고 스스로 짐작하고 있었어요.* *지금 사실 잘 못하고 있거든요. (하핫)* *집단상담을 시작할 때는 사회적 관심이라는 말이 너무 낯설게만 느껴졌다면,* *마무리하는 지금 이 순간에는.* *제 인생에 흩어져 있던 사회적 관심을 모으고 모아* *나만의 사회적 관심으로 재정비하고,* *사회적 관심 Beam-★을 내담자에게 쏘아줄 때가 다가온 것 같네요!*

슬기: 미스진. 참 '진'을 좋아하는 뇨자로 불리길 원했어요. 데헷 :-)
사회적 관심을 가지고 제 주변을 보려하니
참 삶을 사는 사람을 발견하게 되고
그 사람을 통해 받은 사랑을 알아차리게 되는 시간이었어요.
그 사람이 저와 일생에 딱 한번 본 사람일지라도
감동을 줄 수있음을 느낀 신기한 시간이었습니다!
누군가에게 저도 그러한 사람임을 소망하는 시간,
자~알~! 살아야겠다 다시 마음 먹게 되는 시간이었습니다

2. 전체 회기 소감 나누기

집단원들은 사회적 관심이 여전히 어렵지만, 집단상담의 형태로 함께 이야기 나누고 고민하고 체험하는 형태로 알게 된 것에 신기하고 뿌듯하다는 소감들을 많이 들려주었습니다.

또한 우리의 집단은 서로의 성장을 목표로 하기 때문에 해결하지 못한 오래된 개인의 문제, 서로에 대한 부정적인 피드백 등은 없습니다.

그저 참여한 집단에 집중하고, 자신이 할 수 있는 행동으로 기여하며, 타인에게 사랑의 눈으로 관심을 가지는 일. 그것이 우리가 집단에서 하는 일이었어요.

제가 생각하는 사회적 관심은 관계지향적 방향성을 가진 하나의 삶의 태도이고, 고유한 신념이자 가치관인데, 이에 대해 함께 체험했다는 점에서 매우 기쁘고 뿌듯했습니다.

우리 모두, 삶에서 사랑을 만나는 순간들이 많기를 소망합니다.

정민: 15시간을 함께 해준 집단원들도, 과거-현재-미래의 모든 내담자들에게도 우리와 함께 했던 모든 시간들이 사랑이었길 희망합니다.

사랑합니다~ 여러분 사랑하세요! :슬기

8회기 후, 헤어지며 들으면 좋은 노래

Make you feel my love / 아델(Adele)

우리가 만나는 사람들이

나의 사랑을 느낄 수 있도록

살아갑니다.

저는 '밥 먹었는지'를 물어보며 사랑을 표현해요. 진짜 궁금하거든요.

저를 사랑으로 관심을 가져주신 모든 분들께

감사합니다.

참고문헌

김연희(2010). 자아초월을 위한 영성교육 탐구: 동사섭을 중심으로. 전북대학교 대학원 박사학위논문.

김영아 (2018). 청소년용 사회적 관심 척도 개발 및 타당화. 충북대학교 일반대학원 박사학위논문.

김영아, 장혜선 (2022). 아동기 심리적 외상에 대한 개인심리학적 접근: 콩쥐팥쥐를 중심으로. 사회과학연구. 15(1), 155-185.

김창대, 김형수, 신을진, 이상희, 최한나 (2011). 상담 및 심리교육 프로그램 개발과 평가. 서울: 학지사.

김천수 (2017). 개인심리학 이론에 근거한 사회적 관심 척도 개발 및 타당화. 전남대학교 대학원 박사학위논문.

김필질 (2005). 사회적 관심과 정신건강. 한국기독교상담학회지, 9, 145-176.

김필진 (2007). 아들러의 사회적 관심과 상담. 서울: 학지사.

노안영 등 (2021). 개인심리학적 상담-아들러 상담. 서울: 학지사.

박희준 (2019). Adler 개인심리학에 근거한 청소년의 학습동기향상 프로그램 개발 및 효과검증 : 자기결정성학습동기, 학업적 자기효능감, 사회적 관심. 경남대학교 대학원. 박사학위논문.

안도연 (2018). 중용 (中庸)의 적응적 기능: 중용척도의 개발 및 중용적 태도 함양 프로그램의 효과 검증. 서울대학교대학원 박사학위논문.

양명숙, 한재희, 전지경, 김윤희, 진선애 (2017). 집단상담 사례와 프로그램 개발의 실제. 서울: 학지사.

이은상 (2018). 상담자를 위한 자비로운 마음훈련이 상담자 소진, 공감피로, 자비불안에 미치는 효과. 서울불교대학원대학교 박사학위논문.

이장호, 금명자(1992). 상담연습교본 제4판. 파주: 법문사.

정민 (2013). 사회적 관심 척도의 개발 및 타당화. 상담학연구, 14(4), 2571-2583.

천성문 (2021). 상담이론에 기초한 집단상담의 실제. 서울: 학지사.

하창순, 최희철, 강석영, 김병석 (2004). 한국판 사회적 관심 척도(Korean Social Interest Scale)의 신뢰도와 타당도. 상담학연구, 5(2), 295-305.

Adler, A. (1933). *Social interest: A challenge to mankind*. New York: Capricorn Books.

Adler, A. (1978). *Cooperation between the sexes: writings on women and men, love and marriage and sexuality*. Ansbacher, H. L. & Ansbacher, R. R.(Ed. and Trans.). Garden City, NY: Anchor Books.

Adler, A. (2005). 아들러 심리학 해설 (설영환 역.). 서울: 선영사. (원저 1931년 출판).

Adler, A. (2014). 삶의 과학 (정명진 역.). 서울: 부글북스. (원저 1927년 출판).

Adler, A. (2015). 알프레드 아들러, 교육을 말하다 (김세영 역.). 서울: 부글북스. (원저 1929년 출판).

Adler, A. (2016). 아들러의 인간이해 (홍혜경 역.). 서울: 을유문화사. (원저 1928년 출판).

Adler, A. (2017). 개인 심리학에 관한 아들러의 생각 (정명진 역.). 서울: 부글북스. (원저 1920년 출판).

Adler, A. (2022). 알프레드 아들러 사회적 관심. (정명진 역.). 서울: 부글북스. (원저 1938년 출판).

Ansbacher, H. L. (1992). Alfred Adler's concepts of community feeling and of social interest and the relevance of community feeling for old age. *Journal of Individual Psychology*, 48, 402-412.

Branden, N. (2015). 자존감의 여섯 기둥. (김세진 역.). 서울: 교양인. (원저 1994년 출판).

Corsini, R. J., et, al. (1997). 다섯 명의 치료자와 한 명의 내담자. (이혜성 역.). 서울: 이화여자대학교출판부. (원저 1991년 출판).

Crandall, J. E. (1975). A scale for social interest. *The Journal of Individual Psychology*, 31(2), 106-114.

Dinkmeyer, D. & Losoncy, L. (2012). 격려기술: 격려 세상 만들기(김미례,오명자, 김광

운 역.). 서울: 학지사. (원저 1996년 출판).

Dreikurs, R., Grunwald, B. B. & Pepper, F. C. (2013). 아들러와 함께하는 행복한 교실만들기(전종국 등 역.). 서울: 학지사. (원저 1998년 출판).

Fowler, J. W. (2010). 신앙의 발달단계. (사미자 역.). 서울: 한국장로교출판사. (원저 1987년 출판).

Frankl, V. E. (2017). 삶의 의미를 찾아서. (이시형 역.). 파주: 청아출판사. (원저 1988년 출판).

Greever, K. B., Tseng, M. S. & Friedland, B. U. (1973). Development of the social interest index. *Journal of Consulting and Clinical Psychology*, 41(3), 454-458.

Horney, K. (2015). 내가 나를 치유한다: 신경증 극복과 인간다운 성장(서상복 역.). 서울: 연암서가. (원저 1950년 출판)

Lazarus, R. S., & Lazarus, B. N. (2013). 감정과 이성. (정영목 역.). 서울: 문예출판사. (원저 1994년 출판).

Miller, S. D., Duncan, B. L.& Hubble, M. A. (2009). 유능한 상담자의 심리치료: 내담자에게 집중하라. (김희정, 조민아, 송소원, 정석진, 이정화 역.). 서울: 학지사. (원저 1997년 출판).

Nouwen, H. J. (2022). 헨리 나우웬의 공동체. (윤종석 역.). 서울: 두란노. (원저 2021년 출판).

Sulliman, J. R. (1973). *The development of a scale for the measurement of social Interest*. Doctoral dissertation, Florida State University.

Sweeney, T. J.(1998). *Adlerian Counseling: A Practitioner's approach*. London: Taylor&Francis.

Yalom, I. D. (2011). *Staring at the sun: Being at peace with your own mortality.* Hachette UK.

Yalom, I. D. (2014). 나는 사랑의 처형자가 되기 싫다. (최윤미 역.). 서울: 시그마프레스 (원저 2012년 출판).

Yang, J., Milliren, A. & Blagen, M. (2015). 용기의 심리학(오익수 등 역.). 서울: 학지사. (원저 2009 출판).

[부록] 활동지

삶이 사랑을 만날 때

-상담자를 위한 사회적 관심 향상

집단상담 활동지-

삶이 사랑을 만날 때

-상담자를 위한 사회적 관심 향상 집단상담 활동지-

1. 전체 회기 구성

구분	회기	세부내용	소요 시간
1일차	1	프로그램 목적 및 운영방법	30분
		별칭, 자기소개, 규칙 정하기	1시간
		사회적 관심의 의미	30분
	2	사회적 자기 관심의 의미와 느낌 나누기	1시간
		사회적 자기 관심 연습: 자기지향 문장완성	1시간
	3	타인관심의 의미와 느낌 나누기	1시간
		타인 관심 연습: 공감과 성장동기	1시간
	4	타인 관심 연습: 격려와 유머	1시간
		1일차 전체 소감 및 집단규칙 실천활동 점검	30분
2일차	5	사회적 자기 관심 및 타인관심 정리	30분
		집단규칙 실천활동 다지기	30분

구분	회기	세부내용	소요 시간
		공동체 관심의 의미와 느낌 나누기	1시간
	6	공동체 관심 연습: 소속감	1시간
		공동체 관심 연습: 연결감	1시간
	7	영성 관심의 의미와 느낌 나누기	1시간
		영성 관심 연습	1시간
	8	사회적 관심 전체 정리	1시간
		2일차 및 전체 프로그램 소감 나누기 상담자로서의 가치 점검	30분
전체 소요시간			15시간

2. 사전-사후조사(상담자를 위한 사회적 관심 척도)

문 항		전혀 그렇지 않다	그렇지 않다	보통 이다	그렇다	매우 그렇다
1	나는 상담자로서 가치가 있는 사람이라고 느낀다.	①	②	③	④	⑤
2	나는 상담자로서 사회에 필요한 존재이다.	①	②	③	④	⑤
3	나는 어려운 상황에서도 스스로를 잘 돌본다.	①	②	③	④	⑤
4	나는 상담자로서 부족한 점이 있지만 나에게 만족한다.	①	②	③	④	⑤
5	나는 힘들 때, '괜찮아, 할 수 있어.' 라는 생각을 한다.	①	②	③	④	⑤
6	나는 긍정적인 생각으로 스스로를 믿는 힘을 기르려고 노력한다.	①	②	③	④	⑤

	문 항	전혀 그렇지 않다	그렇지 않다	보통 이다	그렇다	매우 그렇다
7	나는 상담자로서 실수할 수도 있다고 생각하면서 좌절을 이겨낸다.	①	②	③	④	⑤
8	나는 동료가 힘들어 할 때, 무슨 일인지 물어본다.	①	②	③	④	⑤
9	나는 동료에게 기쁜 일이 생기면 함께 기쁘다.	①	②	③	④	⑤
10	나는 동료의 고민을 잘 들어준다.	①	②	③	④	⑤
11	나는 자신감을 잃은 동료에게 용기 주는 말을 하곤 한다.	①	②	③	④	⑤
12	나는 동료가 기분이 안 좋아 보이면, 풀어주려고 노력한다.	①	②	③	④	⑤
13	나는 사람들과 대화할 때, 이해해주려고 노력한다.	①	②	③	④	⑤
14	나는 동료에게 힘든 일이 있을 때, 위로(격려)한다.	①	②	③	④	⑤
15	나는 소속기관(조직)과 갈등이 생겼을 때, 대화를 시도한다.	①	②	③	④	⑤
16	나는 사회에서 내 역할이 있다고 믿는다.	①	②	③	④	⑤
17	나는 우리나라가 발전하는 데 내가 할 수 있는 일을 한다.	①	②	③	④	⑤
18	나는 소속기관(조직)이 함께 하는 일에 적극적으로 참여한다.	①	②	③	④	⑤
19	나는 소속기관(조직)에서 어려움이 생길 때 해결하기 위해 힘을 보탠다.	①	②	③	④	⑤

문 항		전혀 그렇지 않다	그렇지 않다	보통이다	그렇다	매우 그렇다
20	나는 소속기관(조직)에서 내가 할 일을 잘 찾는다.	①	②	③	④	⑤
21	내가 속한 소속기관(조직)에 가면 친밀감을 느낀다.	①	②	③	④	⑤
22	나는 세계(지구)에서 일어나는 슬픈 일에 대해 걱정한다.	①	②	③	④	⑤
23	나는 더 나은 세상을 위해 봉사에 참여한다.	①	②	③	④	⑤
24	나는 자연이나 동물 보호에 관심이 있다.	①	②	③	④	⑤
25	나는 약한 사람들을 돌봐주고 싶은 마음이 든다.	①	②	③	④	⑤
26	나는 어려움에 처한 사람을 보면 돕고 싶다.	①	②	③	④	⑤
27	나는 사람들과 함께 성장하고 싶다.	①	②	③	④	⑤
28	나는 어르신(또는 어린 아이들)을 보면 따뜻하게 대하고 싶다.	①	②	③	④	⑤

삶이 사랑을 만날 때(사회적 관심 향상 집단상담)	
1회기	프로그램 목적, 자기소개 및 규칙
활동	별칭, 자기소개, 규칙 정하기

1. 별칭 짓기

자신이 상담자로서 실현하고 싶은, 지키고 싶은 가치를 여러 단어로 떠올려 주세요.
그 중, 이번 집단의 별칭으로 정할 한 단어를 선택합니다.

2. 자기 소개하기

다음의 내용을 모두 포함하여 자기 소개하는 시간을 가지도록 합니다.	
별칭의 의미	
이번 집단에서 그 가치를 별칭으로 지은 이유	

개인의 집단참여 목표	
기대되는 점 (또는 이번 집단을 통해 얻고 싶은 점)	
염려되는 점 (또는 궁금한 점)	

3. 규칙 정하기

다음의 내용에 대해 집단원들과 의견을 함께 나누는 시간을 가집니다.	
1) "사회적 관심"이라고 하면 먼저 무엇이 떠오르나요?	
2) 사회적 관심이 겉으로 드러나는 것은 협력과 기여입니다. 집단이 운영되는 동안 자신이 이 집단에 협력하기 위해 어떤 기여 행동을 할지 정해보세요. (아주 작은 행동일수록 좋습니다.)	
3) 집단원들과 각자 정한 기여행동을 공유하고, 수정이 필요한 것은 수정하고, 겹치는 행동에 대해서도 상의해 보세요.	

삶이 사랑을 만날 때(사회적 관심 향상 집단상담)	
2회기	사회적 자기 관심
활동	자기지향 문장완성

1. 자기지향 인생과제 점검하기

(출처: Sweeney, 1998)

다음의 12가지 자기지향의 인생과제에 대한 핵심개념을 생각해보고, 각자의 삶에서 어느 정도 위치에 있는지 서로 점검하는 대화를 나누어 보세요.		
12가지 항목	**핵심개념**	**인생과제의 점검**
가치감	자기수용, 자기존중감	
통제감	열등감 극복을 위한 힘	
현실적 신념	현실을 있는 그대로 지각하는 사고	
정서적 자각과 대처	자신 및 타인의 정서에 접근하고 공감하는 능력	
문제해결과 창의성	문제해결을 위한 개방적 사고	
유머감	치료적 활용으로의 긍정적 유머	
영양	식습관을 통한 일상생활 건강	
운동	신체활동 기능	
자기보살핌	심리적 안녕을 향상시키는 개인의 습관	
스트레스 관리	스트레스 원인은 최소화하며, 유능감을 가지고 상황에 대처하는 시도	
성정체감	자신의 성정체감을 어떻게 활용할지 선택하는 시도	
문화정체감	자신이 속한 문화의 유익한 면을 평가할 수 있는 능력	

2. 자기지향 인생과제 문장으로 완성하기

(참고: Branden, 1994)

12가지 항목	문장 완성하기
가치감	나를 수용(존중)한다는 것은,
통제감	오늘 내 삶이 적절하게 통제된다면,
현실적 신념	현실을 있는 그대로 지각하면,
정서적 자각과 대처	오늘 나의 감정은
문제해결과 창의성	나에게 주어진 문제를 더 개방적으로 생각한다면,
유머감	삶에서 어려움이 있을 때 긍정적 유머를 활용한다면,
영양	나의 건강을 위해 (지키고 있는 / 추가할) 것이 있다면,
운동	나의 원활한 신체활동을 위해 (지키고 있는 / 추가할) 것이 있다면,
자기보살핌	나의 심리적 안녕을 향상시킬 수 있는 1가지 습관은,
스트레스 관리	스트레스라고 느껴지는 상황을 잘 조절해내고 있다는 마음이 들려면,
성정체감	나의 성정체감을 활용해본다면,
문화정체감	내가 속한 문화적 환경의 유익한 면을 평가해본다면,

삶이 사랑을 만날 때(사회적 관심 향상 집단상담)	
3회기	타인관심 I
활동	공감 & 성장동기 반응

1. 공감 반응 연습하기

번호	예시상황	공감 반응
1	처음 학교에 왔을 때에는 사람들 만나는 것도 괜찮았어요. 이제는 이게 다 무슨 의미가 있지? 나한테 무슨 도움이 되지? 그렇게 느껴져요.	
2	이번 주까지 과제, 쪽지시험이랑 3개나 있어요. 그런데 준비된 게 하나도 없어요. 도저히 집중이 안 돼서 어떻게 해야 할지 모르겠어요.	
3	제가 너무 큰 잘못을 저질러서. 선생님께 솔직하게 말하기가 힘들어요. 너무 창피해요.	
4	동기랑 의견이 다른 일로 좀 냉랭해진 상태예요. 말을 걸기도 애매하고, 그렇다고 친구도 사과할 것 같진 않아요. 저도 그러고 싶지 않고요.	
5	저도 모르게 화가 났어요. 제 앞으로 차가 무리하게 끼어드는데, 연인이 옆에 있는데 막 욕을 하면서 그 차 앞으로 무리하게 다시 끼어들었어요.	

2. 성장동기 반응 연습하기

번호	예시상황	성장동기 반응
1	부모님이 빚이 많아요. 저는 그걸 감당하고 싶지 않아요. 이해가 안 돼요. 부모님과 인연을 끊고 싶어요.	
2	꼭 제가 그 방법이 아니더라도 죽을 수 있겠다는 생각이 드는 거예요. 근데 그때, 부모님 생각이 나서... 너무 짜증이 나는 거예요.	

번호	예시상황	성장동기 반응
3	저는 연인의 행동이 용납이 안 되거든요? 회식 자리에서 이동할 때마다, 1시간 마다 연락이라도 하라는 건데, 매번 알겠다고 하고 못 지켜요.	
4	중3 때부터 아팠어요. 동생이 더 아파서 제가 아프다는 걸 말할 수 없었어요.	
5	저는 사람들에게 다 맞춰 주는데, 그걸 너무 만만하게 보는 사람들이 많아요.	

삶이 사랑을 만날 때(사회적 관심 향상 집단상담)	
4회기	타인관심 II
활동	격려기술과 유머

1. 격려 연습하기

(참고: Dinkmeyer & Losoncy, 1996)

번호	예시상황	다양한 격려 반응을 찾아 연습해보세요.
1	"제가 말이 많다보니, 저도 모르게 자꾸 모든 대화를 뚝뚝 자르고 제 쪽으로 가져오게 되어요. 그러다 보면, 분위기가 갑자기 싸해지는 게 느껴져요."	
2	"수능을 망쳤어요. 성적이 계속 좋았는데, 결국 마지막에 와서 전부 망한 거예요. 저는 늘 압박이 강한 상황에서는 제 능력을 발휘하지 못해요."	
3	"역시 그럴 줄 알았어요. 저는 제대로 해내는 일이 정말 하나도 없어요."	
4	"나는 별로 상관없어. 너 하고 싶은 대로 해." (실망, 거부로 느껴질 때)	
5	"중요한 보고서를 작성하긴 했는데, 팀원들에게 이해하기 어렵다는 평가를 받았어요. 저는 한다고 한 건데, 어쩜 그렇게 말할 수 있죠?"	

2. 유머 연습하기

(참고: Dinkmeyer & Losoncy, 1996)

번호	예시상황	유머 반응
1	내가 모바일로 표를 직접 예매하고 친구와 영화를 보러 갔다. 티켓을 열어보고 다른 날짜에 왔음을 알게 되었다.	
2	"만약, 친구들이 제 말에 대꾸를 하지 않는다면, 정말 좌절스러울 거예요."	
3	어떤 주제에 대해 자신이 얼마나 편협한 마음과 시선을 가지고 있었는지 사람들에게 증명하기	
4	투덜대기, 제멋대로 하기의 긍정적인 효과에 대해 주장하기	
5	일이 잘 풀리지 않을 때는 왜 우울해져야 하는지에 대해 이야기해보기	

3. 격려자로서의 강점

연습을 통해 알게 된, 격려자로서 서로의 강점에 대해 이야기해 보세요. 또는 아무도 나의 강점을 말해주지 않으면, 스스로 격려자로서 자신의 강점에 대해 이야기해 보세요.

삶이 사랑을 만날 때(사회적 관심 향상 집단상담)	
5회기	공동체 관심 I
활동	소속감 체험하기

1. 내 안의 소속감(감정)

"모르겠어요. 상담을 받고 더 나빠진 것 같아요."

상담을 마치고 나오려는데, 내담자가 이렇게 말을 하네요.

뭔가 크게 실수한 것 같은 느낌이 확 들면서 초보 상담자로서 복잡한 감정이 올라옵니다.

이 상황을 어떻게 해결할지 그리고 그 때에 느껴질 수 있는 각 감정을 떠올려 보고, 각 감정들의 역할은 무엇인지 이야기 나누어 보세요.

(당황이, 기쁨이, 슬픔이, 따분이, 부럽이, 소심이, 불안이, 버럭이 등)

번호	감정의 종류	현재 상황에서 각 감정은 어떤 생각을 하고 있나요?	각 감정의 역할은 무엇일까요?
1			
2			
3			
4			

번호	감정의 종류	현재 상황에서 각 감정은 어떤 생각을 하고 있나요?	각 감정의 역할은 무엇일까요?
5			
감정 구성원들이 논의한 최종 합의안은 무엇인가요?			

2. 소속감의 의미

이 활동을 통해 알게 된, "소속감"의 의미는 무엇인지, 어떤 느낌인지 서로 이야기 나눠 보세요.

3. 집단에서의 소속감

지금까지 활동을 하면서 우리 집단에서 무언가 하고 싶었으나 할 수 없었던 것이 있었다면, 그 이유는 무엇인가요?

혹은 반대로, 우리 집단에서 자연스럽게 자신을 표현하는데 괜찮았다면, 그 이유는 무엇인가요?

삶이 사랑을 만날 때(사회적 관심 향상 집단상담)	
6회기	공동체 관심 II
활동	연결감 체험하기

1. 구성원 간 갈등상황 해결하기

소속된 기관에서 다양한 구성원 간에 흔히 일어날 수 있는 갈등 상황을 하나 논의하여 선정해 보세요. (예: 수련상담자, 행정 직원, 책임자, 소장, 상근 상담자 등) 그리고 구성원별로 입장을 나누어, 그 입장에 대해 대변하면서 해결방안에 대해 합의점을 찾아 보세요.	
구성원1	
구성원2	
구성원3	
구성원4	
구성원5	

2. 가상의 갈등 상황에 대해 합의안 도출하기

다음의 가상 상황에서 역할을 나누어 각자의 입장에서 떠올릴 수 있는 "최악의 생각"과 반대로 서로를 이해한다고 했을 때의 "최선의 생각"에 대해 작성해보세요.

서로의 상황을 고려하여, 각 구성원 모두가 각자의 위치에서 할 수 있는 일을 이야기하고 문제를 해결해보세요.

1) 유진 수련상담자의 이야기 **종종 죽고 싶다는 생각을 한다는 내담자를 배정받았다. 접수면접지를 읽고 부담이 가서 책임자에게 어려움을 먼저 말했다. 책임자는 수퍼비전을 받으며 진행하면 괜찮을 것 같다고 격려했다. 내담자와 2회기를 만나고, 생각보다 깊은 자살충동이 있어 보여 덜컥 겁이 났다. 이 사례를 어떻게 하면 좋을지 책임자에게 질문한다.**	
최악의 생각	
최선의 생각	
할 수 있는 일	

2) 책임자의 이야기

사례의 전반적 자료를 확인했을 때도, 유진 상담자가 2회기를 만나고 난 이후의 얘기를 들어도 '이 정도도 못하면 어떡하지?'라는 생각이 들고 유진의 이야기가 와 닿지 않는다. 유진 상담자가 불안이 많아 겁을 너무 먹은 것 같다는 느낌을 받는다.

최악의 생각	
최선의 생각	
할 수 있는 일	

3) 동료 수련상담자의 이야기

유진 상담자의 이야기가 이해되고, 책임자의 이야기도 이해된다. 하지만 징징대는 것 같은 유진도, 유진의 이야기를 공감해주지 않는 듯한 책임자의 태도도 불편하다.

최악의 생각	
최선의 생각	
할 수 있는 일	

4) 전임 상담자의 이야기
책임자가 위기도 평가를 적절히 수행하지 않은 것 같은 느낌을 받는다. '나라면 저렇게 하지 않고 내가 그 사례를 할텐데'라고 생각한다. 유진의 사례에 대해 안일한 태도를 보이는 책임자의 모습이 탐탁치 않다.

최악의 생각	
최선의 생각	
할 수 있는 일	

삶이 사랑을 만날 때(사회적 관심 향상 집단상담)	
7회기	영성 관심
활동	영성으로 가는 길

1. 영성에 대해 생각해보기

주어진 글을 함께 읽거나 영상을 보고, "영성"으로 나아가는 길이란 과연 무엇인지 이야기 나누어 보세요.
예시: 〈수학자 허준이, 졸업식 축사(6분)〉

2. 현재에 집중하기

호흡 명상, 싱잉볼 명상 등의 영상 종류를 골라 3~5분 정도 함께 현재에 집중하는 시간을 가지고, 지금-여기에 집중하는 것, 자신의 상태에 대한 알아차림 등이 영성으로 가는 길에 어떤 관련이 있는지 이야기 나누어 보세요.

삶이 사랑을 만날 때(사회적 관심 향상 집단상담)	
8회기	사회적 관심 정리
활동	사회적 관심 적용하기

1. 상담자로서의 사회적 관심 적용하기

처음 별칭으로 정한 상담자로서의 자신의 가치가 지금은 어떤 의미로 다가오는지, 사회적 관심과 연결하면 어떤 삶의 방향을 생각해볼 수 있는지 등을 이야기 나눠 보세요.

2. 전체 회기 소감 나누기

저자 약력

주저자 ‖ 김영아

충북대학교 일반대학원 교육학 박사 (교육심리 및 상담 전공)

충북대학교 일반대학원 교육학 석사 (교육심리 및 상담 전공)

충북대학교 문학사 (중어중문, 국어국문학과)

상담심리사 1급 (한국상담심리학회)

청소년상담사 1급 (여성가족부)

인지행동치료전문가 (한국인지행동치료학회)

직업상담사 1급 (고용노동부)

아들러 행복한부모되기 강사 (한국아들러심리협회)

경력

용인시, 의왕시 청소년상담복지센터 상담원

용인대학교 학생생활상담센터 전문상담원

한양대학교 한양행복드림상담센터 책임연구원

충북대학교, 한양대학교 시간강사

청소년상담사 국가자격연수 강사 (학업상담)

현)아주대학교 학생상담소 책임상담원

주요 논문

학사경고자 대학생을 위한 온라인 학습지원 집단상담 프로그램 개발: 강점코칭과 멘탈코칭 기법을 중심으로. (학습자중심교과교육연구, 2022)

아동기 심리적 외상에 대한 개인심리학적 접근: 콩쥐팥쥐 설화를 중심으로. (사회과학연구, 2022)
대학 상담자의 양극화 경험에 대한 자전적 내러티브 탐구: 실존치료적 제언. (발달지원연구, 2020)
Development and Effect of Self-regulated Learning Strategy Program for Elite College Athletes. (Asia-pacific Journal of Convergent Research Interchange, 2020)
청소년용 사회적 관심 척도 개발 및 타당화. (학습자중심교과교육연구, 2019)
디지털 시대 청소년의 인터넷 이용, 팬덤활동, 공동체 의식이 정신건강에 미치는 영향. (디지털융복합연구, 2016)
사살유가족(suicide survivors)에 관한 국내 연구의 동향과 과제. (한국심리학회지: 일반, 2016) 외 다수

공동저자 ‖ 박정민

이화여자대학교 일반대학원 심리학 석사 (심리학)
숙명여자대학교 문학사 (사회심리학과)

상담심리사 2급 (한국상담심리학회)
청소년상담사 2급 (여성가족부)

경력

수원여자대학교 학생상담센터 전임상담원
아주대학교 학생상담소 전임상담원

공동저자 ‖ 백슬기

명지대학교 사회교육대학원 상담심리학 석사 (상담심리학)

충남대학교 농학사 (식품공학)

상담심리사 2급 (한국상담심리학회)

청소년상담사 2급 (여성가족부)

경력

중앙대학교 학생생활상담센터(다빈치) 전문연구원

아주대학교 학생상담소 전임상담원

현)용인대학교 학생생활상담센터 전문상담원

삶이 사랑을 만날 때
개인심리학으로 여는 사회적 관심 집단상담

초판발행 2026년 1월 5일

지은이 김영아 · 박정민 · 백슬기
펴낸이 노 현

편 집 조영은
기획/마케팅 이선경
표지디자인 BEN STORY
제 작 고철민 · 김원표

펴낸곳 ㈜ 피와이메이트
서울특별시 금천구 가산디지털2로 53, 210호(가산동, 한라시그마밸리)
등록 2014. 2. 12. 제2018-000080호
전 화 02)733-6771
f a x 02)736-4818
e-mail pys@pybook.co.kr
homepage www.pybook.co.kr
ISBN 979-11-7279-174-2 93180

정 가 12,000원

박영스토리는 박영사와 함께하는 브랜드입니다.